职业教育·城市轨道交通类专业教材
新形态一体化系列教材

城市轨道交通员工职业素养

赵义军　郑　敏　主　编
李俊辉　李达威　副主编
许迅安　何小林　主　审

人民交通出版社股份有限公司
北　京

内 容 提 要

本书是职业教育城市轨道交通类专业教材、新形态一体化教材之一,主要内容包括职业、职业素养、城市轨道交通员工职业能力、城市轨道交通员工职业素质、城市轨道交通员工职业素养培养。

本书可作为高职、中职院校交通运输类专业教材使用,也可以作为城市轨道交通行业从业人员培训教材使用。

本书配套丰富助学助教资源,请有需要的教师通过加入职教轨道教学研讨群(QQ群:129327355)获取。

图书在版编目(CIP)数据

城市轨道交通员工职业素养/赵义军,郑敏主编. —北京:人民交通出版社股份有限公司,2023.12
ISBN 978-7-114-18975-3

Ⅰ.①城… Ⅱ.①赵… ②郑… Ⅲ.①城市铁路—职工—职业道德—高等职业教育—教材 Ⅳ.①U239.5

中国国家版本馆 CIP 数据核字(2023)第 170941 号

职业教育·城市轨道交通类专业教材
新形态一体化系列教材
Chengshi Guidao Jiaotong Yuangong Zhiye Suyang

书　　名:	**城市轨道交通员工职业素养**
著 作 者:	赵义军　郑　敏
责任编辑:	钱　堃
责任校对:	刘　芹
责任印制:	刘高彤
出版发行:	人民交通出版社股份有限公司
地　　址:	(100011)北京市朝阳区安定门外外馆斜街 3 号
网　　址:	http://www.ccpcl.com.cn
销售电话:	(010)59757973
总 经 销:	人民交通出版社股份有限公司发行部
经　　销:	各地新华书店
印　　刷:	北京印匠彩色印刷有限公司
开　　本:	787×1092　1/16
印　　张:	11
字　　数:	221 千
版　　次:	2023 年 12 月　第 1 版
印　　次:	2024 年 7 月　第 2 次印刷
书　　号:	ISBN 978-7-114-18975-3
定　　价:	38.00 元

(有印刷、装订质量问题的图书,由本公司负责调换)

前言

编写背景

党的二十大对推动高质量发展作出了系统部署,进一步强调加快建设交通强国。近二十年来,我国城市轨道交通历经跨越式发展,开通运营里程和客运量均位居世界第一,是名副其实的"城轨大国",目前进入了建设"城轨强国"的历史进程,实现从"量"向"质"的转变。人才是保障城市轨道交通高质量发展的第一资源,为落实立德树人的根本任务,充分发挥教材培根铸魂、启智增慧的载体作用,本书编写组邀请院校、企业的资深专家一起交流、讨论,对标国家教材建设的新要求,紧密结合行业发展和企业实际需求,合作编写开发了本书,以助力人才培养,以满足新时代城市轨道交通领域对从业人员核心职业素养的现实需求。

编写思路

教材直接反映人才培养的定位与方向,是教学的基本蓝本和育人育才的基本依托,在一定程度上决定着人才培养质量。本书在全面分析高质量职业教育教材建设要求的基础上,立足城市轨道交通行业发展新阶段对从业人员能力素质的新要求,坚持以学生为本的理念,将提升和发展学生的核心职业素养贯穿于教材开发的全过程,确定了教材编写兼具"知识传授趣味性、能力训练适应性、素质培养针对性"的总体思路。

特色创新

1. 注重产教融合，校企合作开发

本书由多位高职院校一线教师与企业资深专家共同组成编审团队，以产教深度融合、校企紧密合作为基础，全面对接城市轨道交通行业高质量发展的转型升级实际需求，从职业岗位对从业人员核心素养的需求出发，以能力素质体系取代传统的理论知识体系，共同开发教育链、人才链与产业链有机衔接的职业教育教材。

2. 凸显职教特色，对接职业标准

本书对标《城市轨道交通列车司机国家职业技能标准》《城市轨道交通服务员国家职业技能标准》以及《城市轨道交通运营管理规定》（交通运输部令 2018 年第 8 号）等现行的国家职业技能标准与规范要求，充分体现就业导向、任务驱动和基于工作过程等特色，立足城市轨道交通员工所必备的职业素养，采用任务式教学，引导学生开展自主学习，培养职业核心能力，实现学校培养与岗位需求零距离对接。

3. 贯彻立德树人，融入课程思政

本书采用"显性表述与隐性渗透相结合、纸质印刷与现代信息技术相结合"的方式，将课程思政融入每一个任务，既注重学生对专业知识技能的获取，又关注学生行为习惯的养成，实现德技并修的人才培养目标。编写团队经过深入挖掘，提炼出"安全、准点、服务意识、协作意识、标准意识、责任意识、工匠精神、奉献精神"等思政点，将思政素材以案例、视频等形式嵌入教材和配套数字资源中，全方位培养学生的家国情怀和职业素养。

4. 创新呈现形式，配套数字资源

本书积极贯彻执行《国家职业教育改革实施方案》中关于教材建设的指导精神，突出学生主体地位，以企业岗位的典型工作任务为载体进行开发设计，培养学生综合职业能力；以纸质教材为核心，配套丰富数字资源，构建"立体化"新形态呈现形式；采用活页式设计，方便教学组织和内容更新。

编审团队

本书由多位来自城市轨道交通专业教学一线的高职院校骨干教师和具有丰富企业运营管理经验的高级工程师联合编写，并由行业资深专家担任主审。具体的编审分工为：项目 1 由武汉铁路职业技术学院赵义军、广东交通职业技术学院李俊辉编写，项目 2 由赵义军、武汉地铁运营有限公司马利云编写，项目 3~5 由赵义军、湖南铁道职业技术学院郑敏、天津轨道交通集团有限公司李达威编写，武汉铁路职业技术学院王博参与了课件的制作。本书由赵义军担任第一主编并负责全书统稿，由武汉铁路职业技术学院许迅安、武汉光谷现代有轨电车运营有限公司何小林担任主审。

致谢

本书的编写得到了人民交通出版社股份有限公司的大力支持，引用了国内外的相关文献和资料，在此谨向有关专家和学者表示衷心的感谢。

由于编者水平有限，书中难免存在不足之处，敬请读者批评指正。

作　者
2023 年 9 月

二维码资源列表

序号	二维码名称	页码
1	职业与职业化	4
2	乘客与工作人员冲突事件	39
3	乘客吵架处理	39
4	微笑服务要求	45
5	车站交接班	61
6	乘客落轨事件应急处理	78
7	站台岗站务员突发事件处理	78
8	乘客受伤（急病）救助演练	78
9	正装穿着规范（女）	86
10	化淡妆的步骤	86
11	城市轨道交通客运服务人员仪容修饰要求（男）	86
12	站姿基本要求及禁忌	88
13	坐姿基本要求及禁忌	88
14	见面礼仪	91
15	引导礼仪	92
16	交谈礼仪	92
17	电话礼仪	92
18	服务用语要求	93
19	道德和职业道德的内涵	97
20	职业道德的宗旨和规范	98
21	行车安全	107
22	违反规章代价巨大	107
23	服务态度差顶撞乘客	121
24	道岔故障处理技能	137
25	城市轨道交通企业文化建设	138
26	职业行为规范	149

目录

项目1　职业 ··· 1
　任务1.1　职业认知 ·· 3
　　❖ 任务实施 ·· 7
　　❖ 任务评价 ·· 8
　任务1.2　城市轨道交通职业认知 ······································ 9
　　❖ 任务实施 ··· 11
　　❖ 任务评价 ··· 12

项目2　职业素养 ··· 13
　任务2.1　职业素养认知 ··· 15
　　❖ 任务实施 ··· 29
　　❖ 任务评价 ··· 30
　任务2.2　职业素养教育 ··· 31
　　❖ 任务实施 ··· 33
　　❖ 任务评价 ··· 34

项目3　城市轨道交通员工职业能力 ····································· 35
　任务3.1　人际沟通 ··· 37
　　❖ 任务实施 ··· 47
　　❖ 任务评价 ··· 48
　任务3.2　团队协作 ··· 49
　　❖ 任务实施 ··· 57
　　❖ 任务评价 ··· 58

任务 3.3 时间管理	59
❖ 任务实施	63
❖ 任务评价	64
任务 3.4 情绪管理	65
❖ 任务实施	69
❖ 任务评价	70
任务 3.5 学习创新	71
❖ 任务实施	75
❖ 任务评价	76
任务 3.6 应急处理	77
❖ 任务实施	81
❖ 任务评价	82

项目 4 城市轨道交通员工职业素质 … 83

任务 4.1 注重职业形象和职业礼仪	85
❖ 任务实施	95
❖ 任务评价	96
任务 4.2 具备职业道德和职业意识	97
❖ 任务实施	117
❖ 任务评价	118
任务 4.3 端正职业态度和心态	119
❖ 任务实施	127
❖ 任务评价	128

项目 5 城市轨道交通员工职业素养培养 … 129

任务 5.1 职业精神塑造	131
❖ 任务实施	141
❖ 任务评价	142
任务 5.2 职业观念树立	143
❖ 任务实施	147
❖ 任务评价	148
任务 5.3 职业习惯养成	149
❖ 任务实施	153
❖ 任务评价	154
任务 5.4 职业能力测评和拓展训练	155
❖ 任务实施	163
❖ 任务评价	164

参考文献 … 165

项目 1

职业

项目描述

职业是人类在劳动过程中的分工现象,随着科学技术的进步,现代社会中部分职业出现新旧更替以及新职业不断产生的现象,这反映了职业活动和职业劳动成果的社会属性。同其他所有职业一样,城市轨道交通职业是社会发展和分工的产物,具有社会性、规范性、经济性、技术性和时代性特征。城市轨道交通职业是我国职业体系的重要组成部分,对促进社会经济发展具有重要意义。

本项目分两个任务介绍职业和与城市轨道交通相关的职业。学习者通过学习第一个任务中职业的定义、产生、特征和分类等,完成对职业与专业之间关系的理解;通过学习第二个任务中城市轨道交通职业的发展历史、定义和发展前景,完成对城市轨道交通专业学生职业发展路径的认知。

学习目标

学习目标	目标内容
知识目标	了解职业的定义、产生、特征、分类
	掌握城市轨道交通职业的发展历史、定义和发展前景
能力目标	了解职业与专业之间的关系
	了解城市轨道交通职业的发展路径
素质目标	厚植爱国情怀,加强品德修养,培根铸魂,全面发展综合素质
	树立"立业、立岗"意识,将爱岗敬业内化于心、外化于行
	提升自我认知能力,科学进行职业岗位匹配,扬长补短,德技兼修

建议学时

2学时。

项目1 职业

任务1.1 职业认知

问题导入

引导问题1 你知道什么是职业吗?

引导问题2 你知道哪些传统职业和新兴职业?

引导问题3 目前的热门职业有哪些?

引导问题4 职业和在学校学习的专业有什么关系?

引导问题5 你做过职业生涯规划吗?

引导问题6 你已经开始准备迎接进入社会的挑战了吗?

任务分组

建议学习者组建学习小组,制订学习计划,共同完成"任务实施"中的题目。

姓名	学号	分工	角色	学习计划

知识储备

一、职业概述

1. 定义

职业是参与社会分工,利用专门的知识和技能为社会创造物质财富和精神财富,获取合理报酬作为物质生活来源,并满足精神需求的工作。其要素包括劳动、有固定的报酬或收入和承担一定的社会责任并得到社会承认。

2. 产生

作为人类社会发展到一定阶段的产物,职业是人类社会生产和生活发展的必然结果。随着生产力的发展,人类征服自然的能力不断提高,使农耕、畜牧分离,产生了农业和畜牧业。随着生产力进一步发展,手工业又从农业中分离出来,专门经营交换的商业也出现了。由此可知,社会分工是生产力发展的必然结果,而且生产力发展水平越高,社会分工也就越复杂、细致。

所谓"三百六十行",就是人们对各种各样社会职业的形象概括。劳动创造人,也创造了职业。从某种意义上讲,社会就是各种职业和职业活动的统一体。

进入现代社会,科技是推动职业发展变化的主要力量。科技进步的主要标志是不断有新技术、新工艺和新产品出现,这必然导致部分职业的新旧更替或新的职业种类的产生。比如汽车的出现使社会有了汽车生产业、汽车运输业和汽车修理业,并涌现出汽车工程师、驾驶员、汽车修理工等多种职业人员。再比如,电子科技的发展带来了印刷行业的巨大变革,随着电子计算机汉字激光照排技术的产生和广泛应用,印刷业逐渐告别了铅与火的时代,铅字铸造业逐步消亡,取而代之的是汉字录入、照排职业。科学技术的升级更新引起的职业发展,不仅仅基于新产品的开发、新设备的应用和新工艺的出现,科学技术发展、进步的本身,也会增加新职业种类,或使原有职业的数量发生变化。例如新学科的出现,往往会产生相应的新的专业和职业。

3. 特征

(1)职业具有社会性。

职业是人类在劳动过程中的分工现象。它体现的是劳动力与劳动资料之间的结合关系,也体现出劳动者之间的关系。劳动产品的交换体现的是不同职业之间的劳动交换关系。这种在劳动过程中结成的人与人的关系无疑具有社会性,人与人之间的劳动交换反映的是不同职业之间的等价关系,这体现了职业活动的社会属性。

(2)职业具有规范性。

职业的规范性包含两层含义:一是指职业内部的要求操作规范性,二是指职业道德的规范性。不同的职业在其劳动过程中都有一定的操作规范性,这是为了保证职业活动的专业性要求。当不同职业在对外展现其服务时,还存在伦理范畴的规范性,即职业道德。这两种规范性构成了职业规范的内涵与外延。

(3)职业具有经济性。

职业的经济性是指职业作为人们赖以谋生的劳动过程所具有的逐利性一面。职业活动既要满足职业者自身的需要,也应满足社会的需要。只有把职业的个人功利性与社会功利性相结合,职业活动及其职业生涯才具有生命力和意义。

（4）职业具有技术性和时代性。

职业的技术性是指不同的职业有不同的技术要求，每一种职业往往相应会表现出一定的技术要求。职业的时代性是指由于科学技术的变化，人们的生活方式、习惯等因素导致职业被打上某个时代的"烙印"。

4. 分类

职业分类是指按一定的规则、标准及方法，按照职业的性质和特点，把一般特征和本质特征相同或相似的社会职业分成并统一归纳到一定类别系统中去的过程。

《中华人民共和国职业分类大典》（2022年版）运用科学的职业分类理论和方法，参照国际标准，借鉴国际先进经验，充分考虑我国社会转型期社会分工的特点，按照"工作性质相似性为主、技能水平相似性为辅"的分类原则，将我国职业分类体系调整为8个大类，如表1-1所示。

职业分类表　　　　　　　　　　　　　　表1-1

类型	职业
第一大类	党的机关、国家机关、群众团体和社会组织、企事业单位负责人
第二大类	专业技术人员
第三大类	办事人员和有关人员
第四大类	社会生产服务和生活服务人员
第五大类	农、林、牧、渔业生产及辅助人员
第六大类	生产制造及有关人员
第七大类	军队人员
第八大类	不便分类的其他从业人员

———————————————— ◇ 知识拓展

《中华人民共和国职业分类大典》（2022年版）对比其2015年版本，优化调整了部分职业归类，围绕建设制造强国、数字中国，发展绿色经济和依法治国等要求，专门增设了相关新兴职业的中类、小类和细类。

二　职业与专业

当你收到大学录取通知书时，就基本确定了你的专业或专业方向。那么，职业和专业又有着怎样的关系呢？主要体现在以下几个方面。

1. 专业设置与职业需求对接

职业存在于社会经济组织中，体现社会发展和经济建设的需求，是学校专业设置的根本依据。专业设置需要满足社会发展和经济建设的要求,为市场职业需求培养人才。

2. 专业为职业服务,职业对专业起导向作用

一般情况下,专业比职业涉及面更广,是为职业服务的。大学设置专业宽"口径"的目的是适应社会的需求和职业的发展变化,以便毕业生就业时能从较广的职业范围中选择职业以及适应职业转换的需要。

3. 专业学习是通向职业的桥梁

专业学习包括专业知识的学习、专业技能的掌握和专业能力的形成,它是通向职业生涯的桥梁。大学所设的专业一般面向一个岗位群,纵向可以涉及一个领域、一个行业,横向可涵盖社会各部门的某个层面。通过专业学习,除了能够掌握岗位需要的理论知识、了解本专业有关的最新科技应用外,还能获得通用的操作技能。

4. 专业学习是职业生涯的必要准备

大学生在校的专业学习,是为将来走向社会从事某一职业做准备。通过专业学习,打下牢固的文化知识和专业知识基础,掌握专业技能,正是为求职、就业做好知识、能力的准备。

项目1 职业

班级_____ 姓名_____ 学号_____ 小组_____

任务1.1

✅ **任务实施**

1. 什么是职业的定义与要素?

2. 阐述职业的特征与分类。

3. 结合以下案例,谈谈你对职业生涯管理重要性的认识。

"五星"乘务员程雄:精益求精,百炼成钢

填报大学志愿时,程雄选择了武汉铁路司机学校,立志成为一名爱岗敬业的地铁司机。2015年1月,在校期间学习成绩优异的程雄进入武汉地铁实习。程雄通过系统的培训和学习,成为同批次考核的人员中最早通过考核实现独立上岗的司机。上岗后的程雄对待工作始终保持着严谨认真的态度,从深夜的车库到初晨的站台,从驾车出库到站台立岗,都力求将岗位标准做到极致(图1-1)。程雄在单独驾驶的驾龄还不满1年时,就以误差50mm的精准对标距离脱颖而出。2021年6月,凭借扎实的业务技能和出色的岗位表现,程雄通过公司组织的班组长考核选拔,成为轨道交通1号线最年轻的班组长。同年,第十三届全国交通运输行业职业技能竞赛中,程雄以理论、实操双满分的成绩取得第十三届全国交通运输行业职业技能竞赛湖北赛区第一名的好成绩,并获得湖北省"交通工匠"的称号。

图1-1 "五星"乘务员程雄

(摘编自"武汉地铁运营""运营之声"公众号)

张重阳:坚守奋斗初心,智造匠心匠技

张重阳,中共党员,广州地铁运营事业总部首席技师,曾获"全国五一劳动奖章""广州市道德模范""南粤工匠"等荣誉。2017年光荣当选广州市第十五届人民代表大会代表,并于2020年被评为全国劳动模范。

2003年,张重阳在化工行业工作。后因照顾家庭的需要,他选择投身更稳定的地铁行业继续奋斗。正是这次机缘巧合的跨行,为他的人生带来了一系列转折。隔行如隔山,从化工到地铁,学习难度之大可想而知,但张重阳凭着对技能的不断钻研创新,仅仅用了7年,就从"门外汉"转变为首席维修专家(图1-2)。在20年流金岁月里,张重阳对轨

图1-2 张重阳

道交通行业的钻研热情从未发生改变。

2004年,广州地铁进口了当时国内第一辆钢轨打磨车,用于消除钢轨波浪形磨耗,减少车辆振动,保障乘客出行安全。从那时开始,张重阳下定决心在全新领域苦心钻研,开启事业的新篇章。他不仅自学英语,虚心请教外国专家,还在短短2年时间里掌握了国外厂家认为"广州地铁不可能掌握的技术"。"一开始是他们(外国专家)干,我们看;到最后是他们看,我们干。"张重阳说。此外,他还将总结归纳的相关技术改进措施、方案等信息反馈给国内设备制造厂家,用于提升设备的国产化水平。

2012年,广州地铁正式成立以张重阳为代表的首个劳模创新工作室。2015年,该工作室被评为"广东省劳模创新工作室"。自成立以来,工作室合力累计完成技术攻关79项、工装开发124项、测试台27项,累计申请实用新型专利11项。如今,劳模创新工作室已成为助推地铁技术创新发展的重要平台,正为推动"地铁制造"向"地铁智造"转型升级作出积极贡献。

(摘编自"央广网""中国城市轨道交通协会"公众号)

任务评价

1. 自我评价

我能做到:
□准确说出职业的定义
□说出职业产生的原因
□正确表述职业的特征和分类
□分析职业与专业的关系

2. 小组评价

我们小组做到了:
□全员参与　□分工明确　□学习高效　□完成任务

3. 教师评价

序号	评价项目	成绩	综合成绩
1	学习准备		
2	知识理解		
3	参与讨论主动性		
4	沟通协调		
5	语言表达		
6	思维拓展		

任务1.2 城市轨道交通职业认知

问题导入

引导问题1 你知道什么是城市轨道交通吗?

引导问题2 城市轨道交通包含哪些职业?

引导问题3 城市轨道交通各岗位的工作任务是什么?

引导问题4 作为城市轨道交通专业学生,你对今后的职业生涯有什么规划?

任务分组

建议学习者组建学习小组,制订学习计划,共同完成"任务实施"中的题目。

姓名	学号	分工	角色	学习计划

知识储备

一 城市轨道交通职业发展历史

城市轨道交通系统是采用专用轨道导向运行的城市公共客运交通系统,包括地铁、轻轨、单轨、有轨电车、磁浮、自动导向轨道、市域快速轨道系统。其具有节能、占地小、运量大、全天候、无污染、安全、准点等优点,是绿色环保交通体系,符合可持续发展的原则,是现代大城市公共交通的骨干。从1863年伦敦开通世界上第一条地铁至2022年底,已有78个国家和地区的545座城市拥有城市轨道交通线路。我国城市轨道交通经过几十年的发展,规模已居世界前列,管理和技术水平也在稳步迈向世界先进行列。城市轨道交通是集多专业、多工种于一身的复杂系统,通常由城市轨道交通线路与站场、车辆系统、车站机电设备、通信信号系统、供电系统、运营管理系统组成。城市轨道交通职业在城市轨道交通发展的不同背景下不断地发生变化。

二 城市轨道交通职业定义

《国家职业技能标准 城市轨道交通服务员》中规定,城市轨道交通从业人员指从事城市轨道交通车站安全、行车、机电设备运行等工作的人员。其主要工作任务包括:①从事车站运营组织工作。②执行控制中心命令、监控列车运行。③监控和操作车站信号、消防等设备。④在车站监控设备调度权下放情况下办理行车组织。⑤监控站内安全,处理各类突发事件。⑥开展车站运作管理,开展行车、票务、服务、消防等生产质量分析与管控,落实生产技术革新与技术传承。

三 城市轨道交通职业发展前景

我国城市轨道交通发展速度较快,运营里程、在建与规划线路规模和投资均实现了跨越式增长,并且呈现网络化、差异化、制式结构多元化发展趋势,需要大量的专业技术人才。其中,城市轨道交通运营管理类人才缺口较大。依据国际城市轨道交通职业人才配备标准,每建设1千米城市轨道交通线路,至少需要60名运营管理及技术人员;每开通1条地铁线路,需要1000余名专业人员。城市轨道交通运营管理专业学生的职业能力发展路径如图1-3所示。

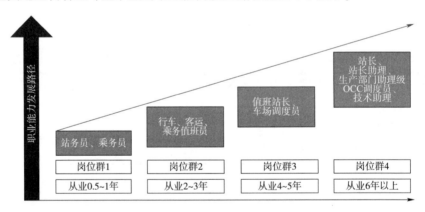

图1-3 城市轨道交通运营管理专业学生的职业能力发展路径

班级_____ 姓名_____ 学号_____ 小组_____

任务1.2

任务实施

1. 请结合以下案例,查阅相关资料,谈谈你对城市轨道交通职业发展前景的认识。

我国城市轨道交通行业人才培养现状及展望

中国城市轨道交通协会调研数据显示(以运营企业为例),截至2020年末,中国(不含港澳台)累计有45个城市开通城市轨道交通运营线路244条,线路总长7970千米,从业人员规模约39万(图1-4)。"十三五"期间,城市轨道交通行业人才总量持续保持较快增长:平均年增长约3.5万人,平均年增速为11.8%。2020年行业平均每千米人员配置约60人。随着远郊与市域线路增加、智能化与社会化(外包)发展、岗位融合与用人集约化,平均每千米人员配置呈持续下降趋势。

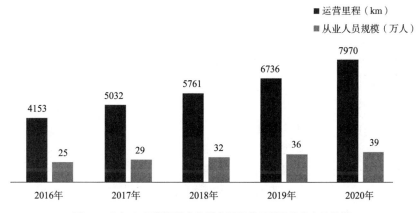

图1-4 "十三五"期间城市轨道交通运营里程及从业人员规模

2020年末,城市轨道交通典型运营企业员工本科及以上学历占比达40%;技能人员占比达84%;高级及以上职称占比达6%;高级工及以上占比达25%。行业从业人员平均年龄为29.5岁,其中25~40岁年龄区间占比达62%。与其他行业企业员工相比,城市轨道交通典型运营企业员工呈现年轻化、专业化发展趋势。这种分布结构比较符合现代企业"金字塔"管理模式。

"十三五"期间,城市轨道交通行业人才队伍建设取得了较好成绩,但也存在一定的问题和短板。如人才队伍建设仍然滞后于行业发展需要;人才供不应求,各城市间人才竞争愈演愈烈;企业高层次人才紧缺,复合型专业人才、国际化人才存在用人缺口;高技术、高技能人才占比偏低,能力素质不够匹配,人才结构不尽合理;学校教师队伍数量不足、来源单一,校企双向流动不畅,结构性矛盾突出,专业化水平偏低等。

"十四五"期间,城市轨道交通发展进入新阶段。城市轨道交通迈入规模化、智能化发展的新时代,大力发展智慧交通,推动大数据、互联网、人工智能、区块链、超级计算等新技术与城市轨道交通深度融合，在人才培养方面更加重视高素质人才、专业化人才的培养和广大员工信息化知识的普及教育。

[摘编自《城市轨道交通"十四五"人才培养规划》（中城轨〔2021〕68号）]

2. 谈一谈你的职业理想和理想职业。

3. 很多人都会想，工作那么辛苦和无聊，如果不用工作就好了。请结合自身感受，谈谈你对职业或工作对个人的意义的思考。

任务评价

1. 自我评价

我能做到：
☐ 准确地说出城市轨道交通的定义
☐ 正确描述城市轨道交通职业的特征
☐ 叙述城市轨道交通职业的工作任务
☐ 对从事城市轨道交通职业未来的发展有规划

2. 小组评价

我们小组做到了：
☐ 全员参与　　☐ 分工明确　　☐ 学习高效　　☐ 完成任务

3. 教师评价

序号	评价项目	成绩	综合成绩
1	学习准备		
2	知识理解		
3	参与讨论主动性		
4	沟通协调		
5	语言表达		
6	思维拓展		

项目 2

职业素养

项目描述

随着市场经济的不断发展,各个行业对从业者的要求越来越高,个人的职业素养将成为未来职业竞争最重要的因素之一,在从业者职业生涯中的人际交往、处事原则、职业胜任力和岗位适应力等方面发挥巨大作用,并为其拓展自身事业发展空间提供保障。城市轨道交通企业是特殊的服务行业,从业人员除了要有扎实的专业技能之外,还应具备极高的职业素养,以树立和维护城市公共服务行业的良好形象。

本项目分两个任务介绍职业素养。学习者通过学习第一个任务中的职业素养概念、内涵、特征和影响因素等,完成对职业素养与职业素质之间关系的认知;通过了解第二个任务中职业素养教育现状和问题等,加深对职业素养教育意义的认识。

学习目标

学习目标	目标内容
知识目标	掌握职业素养概念、内涵、特征和影响因素
	了解职业素养教育的意义
能力目标	了解职业素养与职业素质之间的关系
	了解现代职业对职业素养的需求
素质目标	厚植爱国情怀,加强品德修养,培根铸魂,全面发展综合素质
	提升自我认知能力,科学进行职业岗位匹配,扬长补短,德技兼修
	树立新时代发展理念,存道精业,推动城市轨道交通事业高质量发展

建议学时

2 学时。

任务2.1 职业素养认知

问题导入

引导问题1 你知道什么是职业素养吗?

引导问题2 职业素养有哪些特征?

引导问题3 你是否知道先天素质和后天素质对职业素养的影响?

引导问题4 你了解自己的性格吗?进入大学后,你的性格发生了什么变化?

任务分组

建议学习者组建学习小组,制订学习计划,共同完成"任务实施"中的题目。

姓名	学号	分工	角色	学习计划

知识储备

一 职业素养概述

1. 概念和内涵

职业素养是从业者在一定的生理和心理条件的基础上,通过教育培训、职业实践、自我修炼等途径形成和发展起来的,在职业活动中起决定性作用的、内在的、相对稳定的基本品质。其涵盖的内容非常广泛,个体行为的总和构成了自身的职业素养,从表现形式上分为内化素养和外化素养。内化素养是职业素养中最根本的部分,包含个人的世界观、价值观、人生观等;外化素养属技能范畴的素养,如计算机操作技能,是通过学习、培训比较容易获得,在实践运用中日渐熟练掌握的。一般来说,职业素养作为一种综合素质,其内容可以概括为职业素质和职业能力。

2. 主要特征

对于从业者来说，工作是实现自我价值的途径。一个优秀的从业者不但具有高超的专业技术和业务水平，而且具备能够适应终身发展和社会发展需要的品格和关键能力，即职业综合素养。因此，从业者需要格外关注并遵循培养规律，使自身职业素养加以提升，而了解和掌握职业素养的主要特征是强化对职业素养内涵和本质理解的重要方法。

（1）职业差异性。

职业素养是职业对员工内在的规范，各行各业均有自身的职业特点，不同行业的职业对员工职业素养的要求不同。对建筑工人的职业素养要求，不同于对护士的职业素养要求；对商业服务人员的职业素养要求，不同于对教师的职业素养要求。

（2）内外统一性。

从业者在长期的职业活动中，经过学习和亲身体验，认识到怎样做是对的，怎样做是不对的，有意识地内化、积淀和升华这一心理品质，这就是职业素养的形成，表现出外在显性和内在隐性的特征，且二者融合统一，共同构成从业者全部的职业素养。

（3）动态发展性。

一个人的素养是通过教育、自身社会实践和社会影响逐步形成的，它具有阶段性的相对稳定性。但是，随着社会发展对人们不断提出要求，人们为了更好地适应、满足社会发展的需要，总是不断提高自己的素养，所以，职业素养具有动态发展性。

（4）长期复杂性。

职业素养的内容涉及道德、意识、行为等层面，而道德、意识、行为的认识、接受，尤其是内化，比专业知识技能的学习更加耗时、耗力，对个体主观和客体环境的要求更高，并会出现波动和反复。因此，职业素养的培养难度在复杂性、艰巨性和长期性方面不亚于职业技能的培养，有时甚至远超过职业技能的培养。

3. 影响因素

先天素质和后天环境是影响职业素养的两大因素。客观地说，职业素养是从业者在先天素质基础上经过后天环境的影响和训练形成的。

先天素质是通过父母遗传获得的素质，主要包括感觉器官、神经系统和身体其他方面的一些生理或心理特点，如智力、人格等。随着新设备、新技术的使用，城市轨道交通发展迈向更高层次，有些传统型的人才已不再适应行业发展的需要，因此急需通过创造良好的人才选拔和培养环境，录用和培养一批基础条件好、发展后劲强的具有良好职业素养的后备力量，个人先天素质也成为重要的衡量标准之一。

后天环境主要包括家庭环境、社会环境和个人经历。由于职业素养具有动态发展性这一特点,后天环境是影响其长期发展的关键因素。环境是一个人人格形成的关键,"孟母三迁""南橘北枳"等故事都说明了环境对人或物的影响是很深远的。

(1) 智力。

智力指人认识、理解客观事物并运用知识、经验等解决问题的能力,涵盖记忆、观察、想象、思考、判断等方面,包括理解、判断、解决问题,抽象思维,表达意念,以及语言和学习的能力。通俗地说,智力就是人的聪明程度。智商,即智力商数,是个人智力测验成绩和同年龄被试成绩相比的指数,是衡量个人智力高低的标准。

智力包括多个方面,也有不同的类型,大致可以概括为认知能力和情感智力,前者体现在语言、逻辑推理、空间、音乐、动感、自然观察等方面,后者则体现为人际技能水平和个人内心技能水平的高低。

① 语言智力。

语言智力指运用和领会语言的能力。在这方面显示出卓越才华的人包括作家、演说家、专家学者和优秀的听众。

② 逻辑推理智力。

逻辑推理智力指解决逻辑推理问题和数学问题的能力。这方面的卓越代表是数学家、哲学家、统计学家、会计师、逻辑学家和科学家。

③ 空间智力。

空间智力指在视觉和空间形式或模式中工作的能力。这方面的优秀代表是飞行员、工程师、画家、雕刻家和航海家。

④ 音乐智力。

音乐智力指音乐领会及运用的能力。这方面的优秀代表包括作曲家、乐器演奏者、乐队指挥和歌唱演员等。

⑤ 动感智力。

动感智力指机敏、灵活地运用个人身体的能力。这方面的优秀代表包括运动员、演员、舞蹈家、外科医生和艺术家。

⑥ 自然观察智力。

自然观察智力指观察、辨别、接触或关注植物和动物,了解动植物群的生命周期或人造物的生产规律的能力。这方面的优秀代表有动植物学家、生态学家和园艺设计师。

⑦ 人际技能智力。

人际技能智力指通过理解他人的内在想法和感受,对他人的意图和情绪作出适当回应,与人友好相处的能力。这种技能对销售人员、教师、心理医生、行政管理人员和公司职业经理非常重要。

⑧ 个人内心技能智力。

个人内心技能智力指通过对自己的细微思维、感觉、意识和情绪的把控,做出正确决策的能力。

需要特别说明的是,个人具备这些智力类型的程度千差万别,现实生活中人们在某一种智力类型上表现出"天才",而在另一种智力类型上却表现得像"白痴"的例子比比皆是:钢琴演奏家可能具有突然勃然大怒的倾向(有音乐智力而缺乏个人内心技能智力);世界体育冠军可能口齿不清(有动感智力而缺乏语言智力);大学教授可能跳舞时笨拙得像大象(有语言智力而缺乏动感智力)。

由此可见,每一个成功的取得不仅取决于单一智力,还必须依赖其他多种不同的智力。如果你想成为一个有成就的人,就必须了解智力类型,准确认识自我,不断塑造自我优秀品质,从而让自己朝着更好的方向发展。

我国城市轨道交通发展处于由"以建设为主"向"建设与运营并重"转变的时期,要进一步推动这一事业迈向更高层次的发展,增强城市轨道交通的竞争力,重视员工职业素养中的智力成分,着重培养员工的高阶职业素养,即以实践力为代表的高阶能力至关重要。

○ 知识拓展

智力的科学测试

智力主要测验一个人的思维能力、学习能力和适应环境的能力。早期编制的智力测验多采取个人测验的形式,这是单独评估心智功能的最好方法。目前国际上常用的个人智力测验主要有两种:斯坦福-比奈智力量表和韦克斯勒智力量表。

1. 斯坦福-比奈智力量表

斯坦福-比奈智力量表是由美国斯坦福大学的推孟通过修订比奈-西蒙智力量表编成的智力量表。首版发表于1916年,又称"1916年量表"。它是一种使用比率智商来衡量个体智力水平的量表。该测验以个别方式进行,通常幼儿被试时间为30~40分钟,成人被试时间不超过90分钟。参与测验人员如果在对应年龄组内有任何一个项目未通过则降到低一级的年龄组继续进行测试,直到在某年龄组全部项目都通过,这一年龄组就作为该被试的"基础年龄";然后依次实施各较大年龄组测试,直到在某年龄组的项目全部失败为止,此年龄组作为该被试的"上限年龄"。

我国学者陆志韦于1924年以斯坦福-比奈智力量表为基础修订了"中国比奈-西蒙智力测验",1936年又与吴天敏进行了第二次修订。1982年,吴天敏再次完成修订,测验名称为"中国比奈测验"。该测验共51个项目,每个年龄组测试3个项目,测验对象年龄范围是2~18岁。

2. 韦克斯勒智力量表

韦克斯勒智力量表即韦氏智力量表,是一种适用于6~16岁人群的智力测验工具。韦氏智力量表的一个重要特点是摒弃了心理年龄的概念,但保留了智商概念。它运用统计方法,以测验对象在同一个年龄团体中成绩所处的位置确定智商高低。它的另一个重要特点是,不仅给出了一个人的智商总分,而且给出了言语和操作两个方面的分量表分,从而可以更加清晰地了解一个人的智力结构,以及其在智力发展上的优势与弱点,从而为培养和补救提供科学依据。

我国心理学家林传鼎、张厚粲等对韦氏智力量表进行了翻译和修订,于1981年正式确定了中文版内容。量表包括言语和操作两大部分,每部分又按题目类型分成多种分测验。

(2)人格。

人格是个体的一种心理特征,表现为能力、气质、性格、需要、动机、兴趣、理想、价值观和体质等方面的整合。

人格包括气质和性格两个方面。我们的大脑就像一台电脑,气质是它的硬件,性格是它的软件,硬件是软件赖以形成的物质基础,在每个人的态度和行为上都刻下了一个特征明显的印记。

①气质。

气质是表现在心理活动的强度、速度、灵活性与指向性等方面的一种稳定的人格先天基础特征。人的气质差异是先天形成的,受神经系统活动过程的特性制约。孩子刚出生时,最先表现出来的差异就是气质差异,有的孩子爱哭好动,有的孩子平和安静。

气质在社会上表现出来的是一个人从内到外散发的一种人格魅力,比如修养、品德、举止行为、待人接物、说话的感觉等方面,有高雅、恬静、温文尔雅、豪放大气、不拘小节等。

公元2世纪,古罗马医生盖伦提出关于人类气质类型的理论,其继承和发展了古希腊医生希波克拉底的体液说,认为人类有四种气质,即多血质、黏液质、胆汁质和抑郁质。

多血质:特点是活泼好动,反应灵活,行动迅速,办事速度快;情绪兴奋性高,变化性大,外部表现明显,对人热情友好,善于交际,富有感染力,容易适应环境变化;但性子急,坚持性差,容易出现厌倦和消极情绪;在认识上对新鲜事物敏感,理解较快,心理外向,语言表达能力强,但认识不深刻,容易受暗示,意志较薄弱,注意力不稳定,容易见异思迁。

黏液质:特点是心绪平静,善于克制忍让,生活有规律,不为无关的事情分心;埋头苦干,有耐久力,态度持重,不卑不亢,不尚空谈,富有实干精神,不随便与人发生冲突;但不够灵活,注意力不易转移,认识不敏感,对事情缺乏热情,沉默寡言,不善辞令,心理内向不外露。

胆汁质:特点是兴奋性很高,脾气暴躁,情绪热烈,态度坦率,个性爽直,易受感染,心境变化剧烈,容易与人发生冲突;意志坚定,办理果断,做事倾向于坚持到底;精力旺盛,心理外向,认识问题快,但不够准确;行为冷热不均衡,情绪兴奋时,有决心克服一切困难,精力耗尽时,情绪又一落千丈。

抑郁质:特点是稳静深沉,情感体验深刻,善于觉察别人觉察不到的细节;容易多心,神经过敏,感情脆弱;性情孤僻、羞怯、腼腆、脾气古怪;认识问题慢,缺乏自信心,有严重的自卑感,心理内向,喜欢沉溺于内心体验之中,在困难面前容易优柔寡断。

一个人的气质类型与神经活动的关系密切,如表2-1所示。

气质类型与神经活动的关系 表2-1

气质类型	神经系统的基本特点	高级神经活动类型
多血质	强、平衡、灵活	活泼型
黏液质	强、平衡、不灵活	安静型
胆汁质	强、不平衡	兴奋型
抑郁质	弱	抑制型

气质是人格的生理基础,直接影响着一个人的性格、兴趣、能力和活动效果。不同气质类型的人,对待同一件事情的态度和处理方法,可能迥然不同。虽然这样,但气质类型绝没有好坏之分。实际上,任何一种活动在其进行的各个阶段中,都对人的心理特征提出不同的要求。

具体地说,多血质的人能主动承担工作任务,但不能善始善终,所以在重大工作的安排中就必须慎重考虑;黏液质的人沉着镇静,这是好的一面,可是其迟缓的动作和无动于衷的表情,在工作中易引起服务对象的不满意;胆汁质的人,工作认真、细心、专注,能比别人更有条不紊地完成任务,但因神经系统的不平衡性,往往会惹是生非,与别人产生矛盾,对方稍有不慎或语言不当,就能使其反应激烈,这势必影响工作的顺利开展;抑郁质的人耐性不足,行动缓慢,爱生闷气,不利于完成紧急任务,但在实际工作中,一个抑郁质的人会躲避冲突,并能对服务对象的需求表现出很大的同情心,在与同事的交往中一旦发现困难或麻烦,也能顺利解决。各种气质对某一活动而言各有优劣、利弊。

②性格。

性格指人对客观现实的稳定的态度,以及与这种态度相应的习惯化的行为方式中表现出来的人格特征。不同的人在态度和行为方式上表现出不同的心理特点,如刚强、懦弱等。性格可以分解为态度、意志、情绪和理智特征四个组成成分。

态度特征:好的表现是忠于祖国、热爱集体、关心他人、乐于助人、大公无私、正直、诚恳、文明礼貌、勤劳节俭、认真负责、谦虚谨慎等,不好的表现是没有民族气节、对集体和他人漠不关心、自私自利、损人利己、奸诈狡猾、蛮横粗暴、懒惰挥霍、敷衍了事、不负责任、狂妄自大等。

意志特征:一个人对自己的行为自觉地进行调节的特征。按照意志的品质,良好的意志特征是有远大理想、行动有计划、独立自主、不受别人左右、果断、勇敢、坚韧不拔、有毅力、自制力强,不良的意志特征是鼠目寸光、盲目性强、随大流、易受暗示、优柔寡断、放任自流或固执己见、怯懦、任性等。

情绪特征：一个人的情绪对其的活动的影响，以及其对自己情绪的控制能力。良好的情绪特征是善于控制自己的情绪，情绪稳定，常常处于积极乐观的心理状态；不良的情绪特征是事无大小，都容易引起情绪反应，而且身体、工作和生活因情绪影响较大，意志对情绪的控制能力比较薄弱，情绪波动大，容易消极悲观。

理智特征：一个人在认知活动中的性格特征。如认知活动中的独立性和依存性：独立性者能根据自己的任务和兴趣主动地进行观察，善于独立思考；依存性者则容易受到无关因素的干扰，愿意借用现成的答案。有人现实感强，有人则富于幻想；有人能深思熟虑，看问题全面，有人则缺乏主见，人云亦云或钻牛角尖；等等。

人格与职业素养是相互影响的。当一个人选择了一份符合自我价值的工作或者岗位后，其人格当中所具备的优势便开始显现，使其变得比较有能量，拥有相对好的状态，也就会表现出比较理想的职业素养。所以一个人在事业发展初期，人格当中的优势会驱动着自己有比较好的表现，事业会呈现上升趋势。但是随着事业的不断发展，人格当中的局限有可能会影响其事业的发展。一个被称为"事业高原"的模式说明了这一点：一个人在他事业发展的早期，更多的是依赖他性格当中80%的有效行为，这些有效行为帮助他快速步入管理阶段。在这个阶段中，他的事业几乎呈直线上升状。但到了一定阶段后，他会发现再无法突破了，只能停滞，甚至下滑，这种状况被称为"事业高原法则"。

每个人的人格都能以其主要方面划归某一类型，人格类型论就是一种区分人格差异的理论，我国春秋战国时期即已出现。例如，从社会性的角度对人进行分类，可追溯至孔子。他从德行方面把人分为君子与小人，"君子怀德，小人怀土；君子怀刑，小人怀惠""君子喻于义，小人喻于利""君子成人之美；不成人之恶；小人反是"。研究人格类型，对职业选择有重要的参考意义。

○ 知识拓展

人格—职业类型匹配

美国心理学家霍兰德在大量的职业兴趣调查的基础上，于20世纪60年代提出与职业相关的人格类型理论，也就是著名的"人格—职业匹配理论"，其对人才测评的发展产生了重要的影响。在人格和职业的关系方面，霍兰德提出了一系列假设，基于这些假设，他认为在现实的文化中，可以将人的人格分为六种类型：现实型、研究型、艺术型、社会型、企业型与传统型。每一特定类型人格的人，会对相应职业类型中的工作或学习感兴趣。具体内容如下：

1. 现实型

人格特点：愿意使用工具从事操作性强的工作；动手能力强，手脚灵活，动作协调；不善言辞，不善交际。

主要职业类型：各类工程技术工作、农业工作；通常需要一定体力，需要运用工具或操作机械的工作。

主要职业：工程师、技术员；机械操作工人、维修安装工人、木工、电工、鞋匠等；司机；测绘员、描图员；农民、牧民、渔民等。

2. 研究型

人格特点：抽象能力强，求知欲强，肯动脑，善思考，不愿动手；喜欢独立和富有创造性的工作；知识渊博，有学识才能，不善于领导他人。

主要职业类型：科学研究和科学实验工作。

主要职业：自然科学和社会科学方面的研究人员、专家；化学、冶金、电子、无线电、电视、飞机等方面的工程师、技术人员；飞行驾驶员、计算机操作人员等。

3. 艺术型

人格特点：喜欢以各种艺术形式的创作来表现自己的才能，实现自身价值；具有特殊艺术才能和个性；乐于创造新颖的、与众不同的艺术成果，渴望表现自己的个性。

主要职业类型：各种艺术创造工作。

主要职业：音乐、舞蹈、戏剧等方面的演员，艺术家、编导、教师；文学、艺术方面的评论员；广播节目的主持人、编辑、作者；绘图员、书法家、摄影家；艺术、家具、珠宝、房屋装饰等行业的设计师等。

4. 社会型

人格特点：喜欢从事为他人服务和教育他人的工作；喜欢参与、解决人们共同关心的社会问题，渴望发挥自己的社会作用；比较看重社会义务和社会道德。

主要职业类型：各种直接为他人服务的工作，如医疗服务、教育服务、生活服务等。

主要职业：教师、保育员、行政人员；医护人员；涉及衣食住行的服务行业的经理、管理人员和服务人员；福利部门人员等。

5. 企业型

人格特点：精力充沛、自信、善交际，具有领导才能；喜欢竞争，敢冒风险；喜欢权力、地位和物质财富。

主要职业类型：组织与影响他人共同完成组织目标的工作。

主要职业：企业家、政府官员、商人，行政部门和单位的领导者、管理者。

6. 传统型

人格特点：喜欢按计划办事，习惯接受他人的智慧和领导，自己不谋求领导职位；不喜欢冒险和竞争；工作踏实，忠诚可靠，遵守纪律。

主要职业类型：与各类文件档案、图书资料、统计报表相关的各类科室工作。

主要职业：会计、出纳、统计人员；打字员；办公室人员；秘书和文书；图书管理员；导游、外贸职员、保管员、邮递员、审计人员、人事职员等。

(3)家庭环境。

每个人从出生伊始就受到家庭环境的影响,这种影响往往是多方面的、深远的。一个好的家庭环境能够正面影响人的一生,一个坏的家庭环境带给人的伤害也是巨大的。由于不同的家庭环境使人形成不同的性格、人生价值观、世界观及人生态度,因此,一个人择业工作以后,家庭环境对其职业素养的形成起到了基础性作用。

家庭环境并不简单指家庭条件,如家庭背景或经济条件。一般来说,家庭环境可以从四个方面分析,即软环境、硬环境、内环境和外环境。

①软环境。

软环境指家庭的心理道德环境,包括家庭结构和教养方式。心理道德环境作为家庭环境的核心,是人类社会化发展的"温床"。它对家庭成员之间的良好关系、父母的道德水平、教育孩子的方式、人的自我概念的发展、师生关系、行为问题等均有较大影响。当今社会的主题是和谐,讲求的是人与自然的和谐,人与人、人与社会的和谐,而家庭软环境就是和谐中分出的一个大的课题。以人为本的观念,以和谐为主题的生活,家庭软环境的协调性是最重要的。

②硬环境。

硬环境指家庭中可以用量化指标来评判和衡量的环境因素,包括家庭资源、父母文化水平、职业状况、经济收入等,社会上最常说的硬环境是物质环境。家庭收入的高低及其所处的经济层次会影响到人对物质的态度,比如消费观念等;同时,物质差异会影响到人的自我意识和人生规划。在商品经济时代,经济上的富有不仅可以使人们得到更多的自由,而且可以使之获得更多的社会尊重。而那些贫困的人,可能会受到很多限制甚至是歧视,这些都会对人的自尊心的建立、性格的形成乃至事业奋斗的方向造成影响。摆脱贫困、生活得"体面一些",成为不少寒门子弟一生的追求。同样是热爱艺术,有些人是因为艺术可以帮助他们更好地谋生,有些人则并不特别在乎艺术带来的经济收益,而是痴迷于艺术本身的魅力。

③内环境。

内环境指不被外人轻易获知的、自己家里的人或事,主要包括情感环境和精神环境。情感环境十分重要,爱和归属感是人类的基本需要,人在这方面若不能得到满足,就好比身体缺乏必要的营养,长此以往就会产生情感畸变。很少感受亲情温暖的人,比较容易形成冷漠或者残酷的性格,反之,长期受到温暖和爱的滋润的人,则一般能够表现出宽容和善良。家庭成员的个性品质、精神追求乃至格调和品位则构成了一个家庭的精神环境,是家庭生活中人与人之间相互联系时形成的一种气氛,对人起着潜移默化的作用。

④外环境。

外环境指家庭外的因素,如周围环境、周围人群情况、外部活动场所、外部人际关系。一个人通常会不知不觉地受到周围环境的熏陶,一些成功的榜样甚至影响人的思维和认知,既而影响人的阶层意识和视野宽度。

家庭环境对一个人职业素养的影响是多层次、多侧面的,其核心影响在于人的心理层面,良好的家庭情绪氛围是良好心理素质形成的前提。要大力提倡家庭美德,正确处理家庭成员的相互关系,形成良好的规范。如说话、办事不能以势压人,要以理服人,以情感人,以行带人,要相处和睦,尊老爱幼,语言文明,努力构建家庭的融洽气氛,充分体现家庭是生活之港湾,这样才有助于健康的心理素质的形成。

家风对于家庭的发展和延续是至关重要的,它是家庭文化建设发展的结晶和支柱,是家庭精神的浓缩和特色所在,也是家庭文化特色的外在表现,更是社会精神文明的细胞,社会和谐进步的脊梁,国家繁荣昌盛的前提和基础。中国人自古以来重视家教门风与德行、品行的传递。古人之重视家教,基础的做法就是亲力亲为,如孔子庭训教子、曾子杀猪教子;也有编撰先世语录或家训传之于世的,如《朱子家训》《颜氏家训》《诫子书》。家风塑造着人的世界观、人生观和道德价值观,一个人在工作中表现出的职业素养,很大一部分来自其受原生家庭影响形成的品性修为和做事习惯,出身于具有优秀家风家庭的人,个人事业成就往往高于没有家风"根基"的人。

我国轨道交通事业发展从无到有,从弱到强,成就的取得来之不易,靠的是一代又一代交通人的努力和精神传承,优良的家风家教就是这种精神基因最好的传播载体之一,对交通人的人格提升、品德修炼起到了至关重要的作用。

▫ 故事阅读

詹天佑的家风传承

说起詹天佑,很多人会想到中国的第一条铁路中"之"字形设计的创举,想到"中国铁路之父"的美誉。不知有多少人知道,这位铁路之父,也是以铁路为家的八子女之父。詹天佑育有五子三女,八个孩子出生于不同的地方。当时,为了铁路建设,詹天佑夫妇是铁路修到哪,就把家安在哪。虽然他全身心投入工作中,但对孩子们的教育,他从不马虎,坚持言传身教,亲力亲为。詹天佑一生清廉,对自己的孩子严而不厉、爱而不溺,这样的严谨家风对后辈影响极深。他的八个孩子在各自的领域成就斐然,孙辈和重孙辈也都有不俗的表现。

詹天佑担任粤汉、粤川铁路督办兼总工程师时期,他的长子、次子得到可用"官费"出国留学的机会。詹天佑知道,别人家的孩子出国留学,都是自己出钱,而他的孩子出国留学使用"官费",并不是因为孩子们有什么特别的成就,而是因为他对铁路事业所做的一点贡献。要是因为这点贡献,加上自己目前的身份地位,就可以让自己的孩子得到特殊的照顾,不仅对其他孩子不公平,对自己孩子的成长也没有好处,会让他们形成"子凭父贵"的错误思想。

经过深思熟虑之后,詹天佑坚持用自己的薪俸支付两个孩子留美八年的一切费用。两个孩子不理解,认为放着"官费"不用,还要自己家出钱,太浪费了。

面对孩子们的不理解,詹天佑语重心长地说:"如果公费留学,你们就会懈怠一些,我自己出钱,你们才不敢偷懒。你们不好好学,浪费的就是家里的钱,而且我也没有过多的钱供你们虚掷光阴。"

送走两个孩子后,詹天佑和妻子带着其他孩子紧衣缩食,原本还不错的生活变得捉襟见肘。三子詹文耀曾经有些抱怨父亲,认为父亲心中只有国家这个大家,没有他们的小家。有一天,詹文耀趁父亲不在家,偷溜进书房找自己爱看的书。在书房的桌子上,他看到一封未封口的信。他小心地打开信件,这是一封寄往美国的信,收信人是父亲的好友。父亲在信中拜托他帮忙照顾两个儿子,言辞恳切,足以看出父亲对孩子的担心和期望。把信件偷偷放回原位,詹文耀对父亲的误解瞬间消失了,原来父亲对他们的爱不显山、不露水,却如此深沉。

詹天佑长子、次子留学归来后,有单位直接找上门,想要高薪聘请,詹天佑却不同意。他把两个孩子叫到书房,郑重地说:"我送你们出国留学,不是要你们回来做高官、拿厚禄,而是要你们为国家的繁荣富强做些有益的事。我身边正好很需要人手,你们就在我身边工作吧。"两个儿子都很孝顺,没有提一丁点儿要求,便来到詹天佑身边帮衬。

和他们一起回国的几个同学也来到詹天佑的身边工作。詹天佑给他们每月开出一百多元的工资,而给自己的两个儿子开出的工资只有七十多元。同样的学历,又做着同样的工作,可工资收入却不一样。有人替詹文珖和詹文琮打抱不平,认为詹天佑对他们太苛刻。詹天佑感到两个孩子在闹情绪,便在一次饭后,言辞恳切地说:"不是因为你们工作得不好,而是因为你们俩是我的儿子,要求要更严一点。你们要知道,国家目前有困难,我们不能只顾个人,要多为国家着想。"

詹天佑一生清廉,从不拿一分公款,几个孩子看在眼里,记在心里。他常对孩子们说:"不能只顾个人,有大情怀才有大出息。各处所学,各尽所知,使家国富强,不受外侮,以自立于地球之上。"

(摘编自强江海.名家家风[M].北京:中国纺织出版社,2019.)

---

(4)社会环境。

所谓社会环境,是我们所处的社会政治环境、经济环境、法治环境、科技环境、文化环境等宏观因素的综合。社会环境对人的职业生涯、职业素养乃至人生发展都有重大影响。

①政治环境。

政治环境是政治体系存在和从事政治活动、进行政治决策的背景条件的总和,指一个国家或地区在一定时期内的政治大背景,包括政治形势、国家方针政策及其变化。政治形势是企业确定发展规模、发展速度的重要依据。人民安居乐业,市场需要增长,也为企业发展创造了机会。

我国虽国内政治安定,社会和谐,但面临严峻复杂的国际形势,和平发展面临挑战,从业者要把握国际国内形势,树立正确的历史观、大局观、角色观,提高政治素养,厚植家国情怀,增强职业担当,对国家和人民表现出深情大爱,对国家保持高度认同感和归属感、责任感和使命感。国如车,家是轮,家国两相依。全社会劳动者要大力弘扬爱国主义精神,提倡爱家爱国相统一,让每个人、每个家庭都为中华民族大家庭做出贡献。

②经济环境。

经济环境指社会经济条件及其运行状况和发展趋势,包括宏观经济环境和微观经济环境两方面。

人才就是生产力,是推动经济发展的动力。随着第四次工业革命和人工智能时代的到来,社会对技能型人才的需求日益强劲。高技能人才是指具有高超技艺和精湛技能,能够进行创造性劳动和解决工作现场问题,并对企业发展作出贡献的人。我国实施人才强国战略,技能人才是最宝贵的人才资源之一。从业者要注重培养和提升职业技能素养,以满足我国经济发展的需求。

③法治环境。

法治环境指全社会主张法律主治、依法而治所形成的特定意义上的社会环境。良好的法治环境是经济社会发展、社会安定和谐、人民安居乐业、国家长治久安的基础和保证。法治环境影响着改革、发展、稳定三者关系的协调,保障生产力的发展,有利于地方发展战略的实施;有利于政府有效实施发展规划,发挥政府在调动资金、技术、人才和克服市场经济的缺陷等方面的重要作用,提高行政效率;有利于保障市场机制在资源配置中发挥基础性作用,确保国家宏观经济调控措施的有效实施;有利于依法保护和建设生态环境,实现可持续发展,在推进经济建设和促进经济发展的同时,实现文化、资源、环境、生态等方面的协调发展。

在法治社会,每一个公民的生活方式都离不开法律规范,从业者也不例外。良好的法治环境有利于公民增强法律意识和提高法律素质,巩固生产力的发展,是市场经济发展的需要,是形成良好社会风气的需要,也是从业者个人维护权益的需要。

④科技环境。

科技环境指科学技术的进步以及新技术手段的应用对社会进步产生的作用。改革开放以来,我国科技发展取得了巨大成就,在一些重要领域已走在世界的前列,但整体技术水平先进性还有待提高。

科技是推动社会文明进步的重要力量,信息时代对人的科学素养要求越来越高。随着科技的应用越来越广泛,从业者需要具备最基本的对于科学技术的理解能力,以应对时代之变和科技之变。

⑤文化环境。

文化环境指在一种社会形态下已形成的信念、价值观念、宗教信仰、道德规范、审美观念以及世代相传的风俗习惯等被社会公认的各种行为规范。经过多年的发展,我国人民的物质生活已大有改善,人民群众对精神文化需求提出了更高的要求,国家也越来越重视文化建设,在我国向社会主义现代化强国不断迈进的过程中,传统文化也随之繁荣发展,这是历史的必然。中华文化内涵丰富,涉及多个方面,在文字、历法、音乐、医学、思想、饮食、工艺等领域都取得过重大的成就,对世界文化繁荣、历史研究、思想借鉴、工艺进步有着不可估量的价值。

文化给人注入力量,使人柔韧而坚强,内化于心,外化于行,使人精神境界得到升华。社会文化是影响人们行为、欲望的基本因素。我国大力倡导践行社会主义核心价值观,营造了良好的社会文化环境,个人受到了良好的教育和熏陶,文化素养得到了提升,为职业发展打下坚实的基础。

总体来说,我们现在处在非常好的国内宏观环境:社会安定,政治稳定;经济发展,社会和谐;依法治国,稳步推进;科技创新,技术进步;文化丰富,繁荣自由。社会环境对职业从业者职业生涯发展、职业素养提升起到了正面的促进作用。在新的历史发展环境下,城市轨道交通作为大城市公共交通的骨干,有力推动了城市社会各个层面发展潜力的释放,我国围绕城市轨道交通的健康发展,也先后制定了多项政策措施,投入了巨大的人力、财力、物力资源,为广大城市轨道交通行业从业人员提供了广阔的干事平台和较好的职业发展前景。

(5)个人经历。

个人的职业素养作为一种综合素质,并不是一成不变的。职业的不同阶段对职业素养提出了不同的要求,个人必须不断提升职业素养以随时适应新的阶段。因此,职业素养是动态发展的,与个人各阶段的经历息息相关,如学校教育经历等。

《中国教育报》报道,就学校教育而言,我国已经形成分层次培养学生职业素养的教育体制。在义务教育阶段,重点培养学生的泛化型职业素养,如独立学习、自主管理、发展友谊和培养社会责任感。除了在学校增加集体活动外,还在家庭增加力所能及的家务劳动,诸如整理个人内务、清洁环境卫生等,使学生养成勤劳做事的习惯,培养合作意识。义务教育阶段虽然不适合开展职业技能训练,但可以培养学生的职业兴趣、合作能力、基本生活技能,为其形成健全的人格奠定基础。

在高中教育阶段,重点培养学生通用型职业素养,包括对自我兴趣和能力的认识、基本的职业认知、未来的专业选择、勤奋刻苦的精神、阅读和健身习惯等,这些是从事任何职业都需要的通用型职业素养和技能。树立正确的劳动价值观和职业价值观,培养构建良好人际关系的能力,增强社会适应能力,为进入职业领域奠定基础。

在高等教育阶段,重点培养学生专业型职业素养。学生有自己的专业或学科领域,需要继续提升学术研究精神和能力,或深入企业和社会了解行业的最新知识与技术技能。丰富学生在职业领域的参与体验,通过校企合作项目和社会实践项目,通过教育教学过程、实验实训过程和社会实践过程的紧密配合,激发学生在基础教育阶段埋下的职业兴趣和职业素养,深化对社会和职业领域的认识与理解,建立良好的职业目标,并通过不断地参与实践,体验创造物质与精神成果的幸福感,最后走向与他人合作的真正职场,承担责任、分享成果,为自己、家庭和社会创造价值。

城市轨道交通行业已经迈入了高质量发展阶段,学生在进入正式的工作岗位之前,要注重专业知识技能的学习和校外岗位实践的开展,提升综合职业素养,以扎实的专业技术背景和踏实勤奋、细致耐心的良好品格为提供高品质的城市轨道交通服务保驾护航。

二 职业素养与职业素质

素质包括先天素质和后天素质。先天素质是指通过父母遗传因素而获得的素质;后天素质是指通过环境影响和教育而获得的素质。各门学科虽对素质的解释不同,但有一点是共同的,即素质是以人的生理和心理实际作为基础,以其自然属性为基本前提的。人的心理活动是在遗传素质与环境教育的结合下发展起来的。而人的素质一旦形成就具有内在的相对稳定的特征,所以,素质是以人的先天禀赋为基质,在后天环境和教育影响下形成并发展起来的内在的、相对稳定的身心组织结构及其质量水平。

素质的含义有狭义和广义之分。狭义的素质概念是生理学和心理学意义上的素质概念,即"遗传素质"。《辞海》写道:"在心理学上,素质指人的先天的解剖生理特点,主要是感觉器官和神经系统方面的特点;是人的心理发展的生理条件,但不能决定人的心理内容和发展水平。"广义的素质指的是教育学意义上的素质概念,指人在先天生理的基础上,在后天通过环境影响和教育训练所获得的、内在的、相对稳定的、长期发挥作用的身心特征及其基本品质结构。由于需要"在后天通过环境影响和教育训练所获得",故又称素养。素质与素养的关系如图2-1所示。

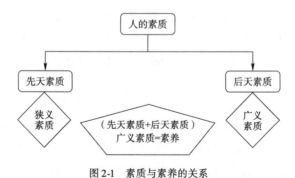

图2-1 素质与素养的关系

从广义的角度看,职业素质和职业素养都是劳动者对社会职业了解与适应能力的一种综合体现,只不过职业素质侧重于静态的描述,而职业素养既可以是一时的某种状态的描述,也可以是发展变化的,其具有动态性的特点。

项目2 职业素养

任务2.1

班级_____ 姓名_____ 学号_____ 小组_____

任务实施

1. 请从个人职业素养提升的角度,详细述说一个你认为有意义的校园活动或者个人的经历。

2. 一个人的素养具有动态发展性,请结合实际,谈谈你的个人素养的变化。

3. 运用霍兰德的"人格—职业匹配理论",谈谈你的人格和匹配的职业类型。

📋 **任务评价**

1. 自我评价

我能做到：

☐ 正确说出职业素养的概念、内涵、特征

☐ 分析影响职业素养的因素

☐ 叙述职业素养与职业素质之间的关系

☐ 认识到环境对人格的影响力

2. 小组评价

我们小组做到了：

☐ 全员参与　　☐ 分工明确　　☐ 学习高效　　☐ 完成任务

3. 教师评价

序号	评价项目	成绩	综合成绩
1	学习准备		
2	知识理解		
3	参与讨论主动性		
4	沟通协调		
5	语言表达		
6	思维拓展		

任务2.2 职业素养教育

问题导入

引导问题1 请查找资料,说说工匠精神是一种什么精神。

引导问题2 现代技能型人才对职业素养方面有怎样的要求?

引导问题3 职业素养方面的学习对今后的职业生涯有什么帮助?

任务分组

建议学习者组建学习小组,制订学习计划,共同完成"任务实施"中的题目。

姓名	学号	分工	角色	学习计划

知识储备

时代素养是动态的、发展的,在不同历史发展阶段具有不同的时代内涵。我国在培育经济新动能、实现经济高质量发展新时期,加强技能人才队伍建设,培育工匠精神、创新精神等行为规范是新时代赋予技能型人才职业素养教育的核心内容。新时代技能型人才职业素养的产生逻辑、问题意识、实践价值分别来源于新时代的发展需求、新时代社会主要矛盾、人民群众对美好生活的新需求。新时代技能型人才职业素养培育需要完成由内及外的知行转化,培育方式包括主体认知、环境熏陶、社会教育、行为践行等。

当前我国正处于由"中国速度"向"中国质量"转变的转型升级期,要求技能人才不仅要有精湛的技艺,更要有爱岗敬业、忠诚奉献、精益求精、开放合作等方面的核心素养。院校要像抓专业知识和技能那样,狠抓隐性职业素养的提升,补长学生职业能力的"短板"。

职业素养教育的意义主要表现在以下几个方面:

(1)职业素养教育是技能人才职业发展的内在需要。

虽然学生就读的专业不同,企业对于岗位的技能要求也不同,但是对于技能人才的职业核心素养要求基本上是一致的。高职院校学生要想快速地适应岗位要求,并在岗位上展示出一定的可持续发展能力,就必须具备良好的职业核心素养。

(2)职业素养教育是职业院校内涵发展的必然要求。

职业院校学生普遍存在学习积极性不高、缺乏合作精神的问题。目前,对在校学生进行职业核心素养的培育是职业院校教育教学的薄弱环节。为实现"适应市场需求"的发展目标,应将职业核心素养培育摆在职业院校教育教学的首位,坚持贯彻职业核心素养教育与职业技能教育并重的职教理念,全方位提高技能人才的培养质量。

(3)职业素养教育是我国产业转型升级的迫切需求。

随着产业转型升级对技能人才提出新的要求,企业非常看重员工的职业道德、职业习惯等。调查表明,70%以上的企业在招聘时会优先考虑毕业生的基本素养,企业认为毕业生的专业实践能力、团队合作能力、自主学习能力、问题解决能力等职业核心素养是最重要的。高职院校要创新技术技能人才培养理念,健全系统化育人体系,完善协同育人机制,集成职业素养教育模块,构建"知识传授、能力培养、素养熏陶"有机结合的职业素养教育体系,培养更多兼具职业技能与职业素养的高素质技术技能人才,为促进产业转型升级和经济社会发展提供更加有力的人才支撑。

班级_____ 姓名_____ 学号_____ 小组_____

✓ 任务实施

1. 结合自身情况，从素质养成的角度谈谈家庭教育对自己的影响。

2. 每一个平凡的岗位都是奋斗者的舞台，每一位奋斗者都能够在自己的岗位上书写辉煌，如何理解"在平凡的岗位上做出不平凡的事"？

任务评价

1. 自我评价

我能做到：
☐ 知道工匠精神的内涵
☐ 明确现代企业对员工在职业素养方面的要求
☐ 叙述职业教育中职业素养教育的重要性

2. 小组评价

我们小组做到了：
☐ 全员参与　　☐ 分工明确　　☐ 学习高效　　☐ 完成任务

3. 教师评价

序号	评价项目	成绩	综合成绩
1	学习准备		
2	知识理解		
3	参与讨论主动性		
4	沟通协调		
5	语言表达		
6	思维拓展		

项目 3

城市轨道交通员工职业能力

项目描述

城市轨道交通系统承担运输任务,是一个多部门、多工种协同作业的综合性系统,具有工作衔接性强、任务头绪多、构成与结构复杂的特征。城市轨道交通员工需要加强创新学习,提升持续发展的能力,以过硬的专业技能和综合职业素养为乘客提供安全、便捷、优质、高效的出行服务,从而提升城市轨道交通经营和服务水平。

本项目分六个任务介绍城市轨道交通员工职业能力。学习者通过对第一个任务中人际关系定义、人际交往原则、人际冲突的学习,掌握人际沟通的技巧;通过对第二个任务中团队和团队建设、团队精神的含义的学习,认识到团队协作在工作中的重要性;通过对第三个任务中时间管理定义、原则和方法的学习,掌握在今后工作中可以使用的时间管理方法;通过对第四个任务中情绪管理的概念和方法的学习,认识到控制自己的情绪对工作的影响;通过对第五个任务中学习创新概念和方法的学习,掌握学习创新的方法;通过对第六个任务中突发事件的定义和特点的学习,掌握应对突发事件的技巧。

学习目标

学习目标	目标内容
知识目标	掌握人际关系定义、人际交往原则
	了解团队建设的内涵
	了解时间管理的定义和原则
	了解情绪管理的概念和方法
	了解学习创新的各种方法
	了解突发事件的特点
能力目标	掌握人际沟通的技巧
	了解在工作中团队成员在团队中的互补性
	掌握时间管理的方法
	掌握控制自己的情绪的方法
	掌握创新方法在工作中的运用
	掌握应对突发事件的技巧
素质目标	厚植爱国情怀,加强品德修养,培根铸魂,全面发展综合素质
	提升自我认知能力,科学进行职业岗位匹配,扬长补短,德技兼修
	树立新时代发展理念,存道精业,推动城市轨道交通事业高质量发展

建议学时

2 学时。

任务 3.1　人际沟通

问题导入

引导问题 1　你会主动和他人打交道吗？

引导问题 2　你觉得人际交往过程中什么最重要？

引导问题 3　当与他人发生冲突的时候什么是最有效的解决方法？

引导问题 4　你觉得自己是一个愿意与他人沟通的人吗？

任务分组

建议学习者组建学习小组，制订学习计划，共同完成"任务实施"中的题目。

姓名	学号	分工	角色	学习计划

知识储备

一　人际关系概述

1. 人际关系定义

人际关系指人与人之间的相互关系，是人与人在社会生活中建立起来的一定的联系。从心理学角度来看，人际关系是指个人所形成的对他人的一种心理倾向及其相应的心理行为，也就是特指人与人之间的心理联系；从社会学角度来看，人际关系是指个人与他人由于血缘、地域、情感、工作以及政治、经济、文化等原因形成的社会联系。

2. 人际交往原则

人际关系的基础是彼此间的相互重视与支持。任何人都不会无缘无故地接纳他人，除此之外，人际交往本质是一个社会交换过程，不论在生活中还是工作中，我们处理人际关系时都必须遵循以下几个基本原则，这直接决定了人际关系的顺利发展。

(1) 道德与法律的原则。

人际交往中,首先应当遵守人际交往的基本规则,即道德与法律。

(2) 平等原则。

人与人之间的关系是平等的,人与人之间只有社会分工和职责范围的差别,没有高低贵贱之分。不论职位高低、能力强弱,还是职业差别、经济状况不同,人人享有平等的政治、法律权利和人格尊严,都应得到同等的对待。因此人与人之间交往要平等相待,一视同仁,相互尊重,不亢不卑。要尊重别人的爱好、习惯、风俗。只有尊重别人,别人才会尊重自己。

(3) 真诚原则。

真诚待人是人际交往得以延续和发展的保证,人与人之间只有以诚相待,才能相互理解、接纳、信任,才能真诚相处、相互团结,它是现代社会事业成功的客观要求。交往中要真诚待人、实事求是,要胸怀坦荡、言行一致,唯有如此,才能建立良好的人际关系。

(4) 尊重原则。

尊重包括自我尊重和尊重他人,这是维系人际关系的前提和基础。自我尊重是自重、自爱,维护自己的人格;尊重他人是重视他人的人格和权利,承认交往双方的平等地位。

(5) 友爱原则。

儒家有"仁者爱人"之传统,人与人之间应团结友爱。人际交往中要主动团结别人。容人者,人容之。只有互相尊重、虚怀若谷、宽宏大度,才能建立起良好的人际关系。应常怀爱人之心,在别人需要时,献出自己的一份力量。

(6) 宽容原则。

在追求共同目标的基础上,在人际交往中要互谅互让、宽以待人。在人际交往中运用宽容原则可以帮助人们更好地沟通,也可以让人们相互之间的关系和谐长久。一般而言,宽容原则是指认可对方不一样的观点,学会尊重,避免刻板的评判和不必要的纠纷;另外,也要注意在交流过程中保持同理心,试着用客观、理性的态度看待不同的情况,以此来调节关系,营造和谐的氛围。

(7) 互助原则。

交往双方互相关心、互相帮助、相互支持,既可满足双方各自的需要,又可以促进彼此的联系。患难见知己,在对方最需要的时候,举手之劳、滴水之恩,都会使其铭记在心,加深双方的情谊。

(8) 安全原则。

一方面要给对方安全感,让对方乐于与自己交往。另一方面,在交往中也要注重自身的安全,处理好诚实与警觉的关系,防止上当受骗。

3. 人际冲突

人际冲突是指两个及两个以上的人因互动行为导致的不和谐的状态,其实质是观点差异,是一种十分普遍的现象。可以说,只要是有人群的地方,就必然存在人际冲突。

城市轨道交通运营管理是一项复杂的系统工程,需要多工种、多岗位人员参与,集体协作完成。一个工作集体由来自不同地方的人组成,每个人的性格和脾气也不一样,工作以班组或团队的组织形式开展,各成员在彼此适应的过程中,难免会产生摩擦和矛盾,形成人际冲突。因此,如何处理好人际关系是每个城市轨道交通员工不得不面对的一个基础性课题。

二 沟通与有效沟通

1. 沟通

人际关系与沟通密切相关,沟通的深度决定人际关系发展的程度,良好的人际关系往往是建立在良好的人际沟通基础之上的,人际沟通是构建良好人际关系的重要手段。那么,什么是沟通呢?

(1)概念和内涵。

沟通,本意指开沟使两水相通,如《左传·哀公九年》:"秋,吴城邗,沟通江淮。"后指两方能通连。沟通是用任何方法,彼此交换信息,即指一个人与另一个人之间用视觉、符号、电话、电报、收音机、电视或其他工具为媒介,进行交换信息的行为。

现代管理学中,沟通则表示为了一个设定的目标,把信息、思想和情感,在个人或群体间传递,并且达成共同协议的过程,如图3-1所示。人际沟通一般指人与人之间的信息交流过程。人们采用言语、书信、表情、通信技术等方式彼此进行事实、思想、意见、情感等方面的交流,以达到人与人之间对信息的共同理解和认识,取得相互之间的了解、信任,形成良好的人际关系,从而实现对行为的调节。

图3-1 沟通的内涵

乘客与工作人员冲突事件

乘客吵架处理

(2)要素。

沟通是不同行为主体感情交流或者信息交换的一种有意义的过程,包括以下三大要素:

①有明确的目标。

沟通是双方的行为,有明确的目标是前提,如果交流没有目标,那就不是沟通,只能叫作闲聊。在管理过程中,管理者如果清楚了自己的目标、对方的目标、自己的底线、对方的底线,就能明确沟通的目标,在目标的指引下,与员工进行有效的互动,把沟通控制在预定的目标范围内,推动沟通向深入进行。在沟通场景中主要可以设置两类目标:一是愿景性目标。为了建构一个更友善的对话氛围,很多人在开始沟通前会说:"××先生,非常高兴有机会和您见面,我相信我们都有合作的愿望,也相信我们能很愉快地完成今天的沟通,实现双赢合作。"这便是一种愿景性的目标,能让我们有更清晰的方向感以及具体希望达成的愿景。二是现实性目标。可以让每一场对话产生具体的成果,即使是短促的对话,也能产生成果。比如:"×××,这段时间辛苦了,请问今天提到的文件做完了吗?如果做完了麻烦尽快给王总,如果没有做完,我们赶紧一起商量下怎么尽快做完。"

②达成共同的协议。

沟通结束以后一定要达成一个双方或者多方都共同承认的协议,只有形成了这个协议才叫完成了一次沟通。如果没有达成协议,那么就不能称之为一次真正的沟通。

③包含信息、思想和情感。

沟通的内容不仅仅是信息,还包含着思想和情感。单纯传递信息是非常容易的事,可是思想和情感是不太容易沟通的。事实上,我们在实际工作的沟通过程中,传递更多的是彼此之间的思想和情感,信息并不是沟通的主要内容。

(3)类型。

沟通是人们社会生活的基本要求之一,也是组织得以生存、运行和发展的必备功能之一。沟通的概念很广泛,类型十分复杂,而且几乎每一种类型的沟通都与我们的日常生活有着密切的联系,可以从多个方面进行类型划分。

按照沟通内容的性质不同,沟通可以分为以下 6 种。

①说服式沟通。

其目的是一方就某些问题劝导、说服另一方。因为是以说服为目的,所以说服者在沟通中是沟通方向和内容的控制者,是发话的主体,在沟通中起关键作用。由于被说服者是沟通目的的承载者,在沟通中也起着十分重要的作用。没有被说服者的配合和转化,沟通不可能有效进行。

②商讨式沟通。

其目的是通过交谈者的相互讨论、共同协商,就某一问题统一意见或达成合作协议,比如外交谈判、经贸洽谈等活动。这种沟通应该具有统一性、建设性和合作性的特点,要求沟通双方严肃、认真地表达自己的见解,耐心听取对方的意见,从一定的原则出发,求同存异,达到交谈的目的。

③辩论式沟通。

其目的是能够从多方面思考问题,从而开阔视野,更好、更透彻地理解问题、分析问题和解决问题。这样的沟通形式,通常是有胜负的,各方会从己方观点来寻找论据,支持论点。这种辩论式沟通,应该注意说话的科学性、针对性和严肃性。

④调查式沟通。

其目的在于通过收集和分析信息以解决特定问题或探索某种现象。调查式沟通是一方回答另一方提出的问题,双方互相配合,它要求问话者的言辞要有目的性、明确性和启发性;答者的语言具有针对性、真实性和完整性。

⑤倾诉式沟通。

其目的是一方将自己的欣喜、苦恼、怨恨以及打算或决定告诉对方,与对方分享喜悦或让对方分担烦恼,或者征询对方的意见。这类沟通以说话者对听话者的信赖为基础,往往具有很强的感情色彩。

⑥闲聊式沟通。

闲聊式沟通是生活中常见的沟通方式,没有明确的主题和专一的目的,一般起着联络感情、传达信息的作用,比如:同事闲聊、探亲访友、邻里聊天等。这类沟通具有随意性和广泛性的特点。

按照沟通信息载体的不同,沟通可以分为以下2种。

①言语沟通。

言语沟通,顾名思义,就是用言语以及和言语相关的方式与人沟通。言语沟通分为口头沟通和书面沟通。

口头沟通是指借助于口头语言实现的信息交流,它是日常生活中最常采用的沟通形式,主要包括口头汇报、讨论、会谈、演讲、电话联系等。

书面沟通是指利用备忘录、信件、传真等传递书面文字或符号。书面沟通有形而且可以核实,沟通的信息可以无限期地保存下来。如果对信息的内容有疑问,完全可以在之后进行查询,所以出现信息失真的风险会相应降低。当然,书面沟通所花费的时间也会是口头沟通的数倍,因为书面沟通不仅仅需要记录,还需要对信息进行发布等。

②非语言沟通。

非语言沟通是指以身体语言以及副语言与人沟通,简单来说就是靠声音的语气、肢体语言和身体动作与人沟通。其中声音的语气很好理解,人们在不同的状态下会有不同的语气,可以说,语气最能体现出一个人的状态与心情。肢体语言又称身体语言,指通过头、眼、颈、手、肘、臂、身、胯、足等人体部位的协调活动来传达人物的思想,形象地借以表情达意的一种沟通方式。诸如姿势、表情、眼神、形体动作、身体接触以及服装、气味和时间与空间的使用形式等都具有符号意义,都可以通过人的视觉、听觉、触觉、嗅觉等来表情达意。也可以说身体动作是对物体的操纵,就如同人们在生气的时候会拍桌子一样,不同状态下的身体动作也是自身语言的一种表现。

非语言沟通有助于沟通主体更准确、更清晰地传递信息,也有助于沟通对象更完整、更准确地接受相关信号。

其实，所有的沟通方式都是为了可以和人更好地沟通并传递信息，没有绝对的好坏，各有优缺点，如表 3-1 所示。

不同沟通方式的比较　　　　　　　　　　表 3-1

沟通方式	举例	优点	缺点
口头	交谈、讲座、讨论会、电话	快速传递、快速反馈、信息量大	传递中经过层次越多，信息失真越严重，核实越困难
书面	报告、备忘录、信件、内部期刊、布告	持久、有形、可核实	效率低、缺乏反馈
非语言	光信号、体态、语调	信息量大、内涵丰富	传递距离有限，界限模糊，只能意会不能言传

> 知识拓展

什么是身体语言

身体语言，指非词语性的身体符号，包括目光与面部表情、身体运动与触摸、姿势与外貌、身体间的空间距离等。我们在与人交流沟通时，即使不说话，也可以凭借对方的身体语言来探索他的内心，对方也同样可以通过身体语言了解到我们的真实想法。人们可以在语言上伪装自己，但身体语言却经常会"出卖"他们，因此，解译人们的身体语言密码，可以更准确地认识自己和他人。

(4) 功能。

沟通是人类组织的基本特征和活动之一。没有沟通，就不可能形成组织和人类社会。沟通是维系组织存在，保持和加强组织纽带，创造和维护组织文化，提高组织效率、效益，支持、促进组织不断进步发展的主要途径。沟通具有协调、激励、交流、创新、控制五项功能。

①协调。人们为了满足社会需求而和他人沟通，从而实现合作或配合。人需要和他人沟通，就像是需要食物、水一样。我们可以连续长时间地交谈琐碎的事情，交谈不见得包含有意义的信息，但这满足了我们互动的需求，从而让我们觉得身心愉快。

俗话说："人心齐，泰山移。"以城市轨道交通班组为例，在班组外部环境中，任何一个班组长都会与所在车间人员、其他班组的班组长、社会人员等产生各种各样的联系，班组长必须与之充分协调，了解其需要，才能采取措施满足其需要；在班组内部环境中，班组长必须了解班组职工各方面的信息，包括班组职工的生理、心理等特点以及职工与职工之间的关系，这样才能组织各岗位的职工向着共同的目标前进。另外，沟通的协调作用还可以使班组内外部环境形成一个有机的整体。

②激励。激励是管理永恒的主题,管理沟通是实施有效激励的基本途径。一方面,在城市轨道交通班组中,班组长运用管理技巧,采取有效措施调动职工积极性的基本前提是班组长必须了解职工的需求,而这就需要通过沟通来实现。另一方面,职工不仅有物质上的需求,而且有精神上的需求,实施有效沟通能使职工主动地进行互动交流,发表自己的看法、建议,从而极大地满足职工自我实现的需求,并不断激发他们的积极性和创造性。

③交流。员工在生产过程中必须及时地将有关信息传递给班组长,如果信息交流中断,后果将不堪设想。班组职工之间的信息流动有助于满足职工的心理需求,改善人际关系,使职工产生强烈的归属感。

④创新。创新是企业发展活力的表现,而管理沟通则是企业创新方案的主要来源。班组内职工的有效沟通,不仅能使班组长迅速发现问题并获取大量的宝贵建议,而且有助于职工相互讨论、相互启发、共同思考,迸发出新的创意,为班组创新提供强大动力。

⑤控制。控制是为保证任务目标实现而对内部管理活动及其效果进行衡量和矫正的一种管理行为。有效控制班组安全风险的前提是信息的获取,一切信息的传递都是为了实现有效控制,而一切有效控制都依赖于信息的传递,有效的管理沟通能够为控制提供基本的前提和保障。

▷ 故事阅读

沟通消除误解

春秋战国时期,耕柱是一代宗师墨子的得意门生,但他老是挨墨子的责骂。一天,耕柱忿忿不平地问墨子:"老师,难道我竟是如此的差劲,以至于要时常遭您老人家责骂?"墨子说:"并非是你差劲,我之所以时常责骂你,是因为你能够担负重任,值得我一再地教导与匡正。"耕柱从墨子的解释中得到宽慰,放下了思想包袱。

2. 有效沟通

(1)概念。

人是复杂的感情动物,在同一件事情上,不同的人可能有巨大的意见分歧,沟通的价值在于可以弥合这些分歧,在一定程度上促成共识。然而在现实生活中,许多沟通都漫无目的,体现不了沟通的价值,我们称之为"无效沟通",与之相对应的则是"有效沟通",即信息发送者通过听、说、读、写等方法,演讲、会见、对话、讨论、信件等方式将思维准确、恰当地表达出来,以促使信息接收者更好地接受,其模式如图3-2所示。

(2)作用。

有效沟通可以增进彼此的了解,消除误解、隔阂和猜忌,即使不能达到完全

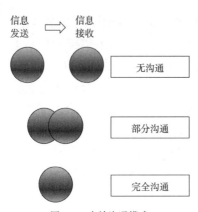

图 3-2 有效沟通模式

理解,至少也可取得谅解,使企业有和谐的组织氛围,这是提高企业组织运行效益的重要环节,其作用有以下三个方面:

①是员工做好工作的前提。只有通过有效沟通,明白工作目标要求、所要承担的责任、完成工作的回报之后,员工才能知道要做什么、做到什么程度。

②使员工获得自我价值满足。有效沟通是启发员工工作热情和积极性的一个重要方式,给员工带来自我价值的满足,使员工的工作热情和积极性得到提升。

③是员工做好工作的保障。只有通过沟通,任务负责人才能准确、及时地把握下属员工的工作进展、工作难题,并及时为下属员工工作中难题的解决提供支持和帮助。这有助于员工按照要求及时、高质量地完成工作。

(3) 障碍。

沟通障碍是指人与人之间、团体之间交流意见、传递信息时所存在的困难。有如下几种类型:

①语言障碍。语言是交流思想的工具,但不是思想本身,加之人用语言表达思想的能力千差万别,故用语言表达思想、交流信息时,难免出现误差。

②观念障碍。人的社会经历不同,信念不同,对事物的态度和观点也必然不同,意见沟通中的观念冲突也就不能避免。

③气质障碍。人的个性不同,气质不同,交流信息时难免发生困难。

城市轨道交通不同岗位的员工,往往拥有不同的背景,面对的乘客更是千差万别。因此,在日常工作和交流中,应意识到语言及个体其他方面差异的存在,根据不同的实际情况采取合适的沟通方式,减少沟通障碍,提高沟通效率,从而更好地执行工作任务,为乘客提供优质的服务。

▷ 职业现场

"三语服务",让沟通零距离

"武汉地铁欢迎您!""武汉"用左手横伸,右手拇、食、小指,手背向上,向左手掌心上碰两下,表示武汉三镇;"地铁"用左手平伸,掌心向下,右手食、中指弯曲如钩,手背向上,置于左手下并向前移动……

武汉地铁运营公司迎第七届世界军人运动会时提出"三语服务",分阶段、分步骤在全体员工中持续开展英语口语和手语服务培训,编订"服务常用双语培训手册",规范岗位服务用语,统一岗位作业标准;设立微课堂,梳理军运会英语基础词汇,归纳军运会重点交通线路、军运会场地等服务性"三语"语句;通过军运

"三语"加油站、车站英语角、地铁小剧场、情景模拟等方式,发动全体员工结对学"三语"、开口讲英语、大胆用手语,用实际行动当好东道主,积极打造温馨服务品牌,喜迎军运会世界各国宾客的到来。

此外,武汉地铁还全面开展运营服务工作"大学习、大提升"活动,强化规范普通话服务的同时有序推进英语服务、手语服务的专项学习训练,规范岗位服务用语,统一岗位作业标准;录制"三语服务"培训视频教程,并将其推送至公司内部网站和微信公众号,员工可以随时随地查看、学习,不断提升全体员工听、说、做的能力。

武汉地铁每座车站至少有一名员工能用英语和简单手语与乘客进行交流,军运会重点站的员工更是人人都能听懂英语,简单用英语交流。外籍乘客、听障人士在地铁站内的"语言不通"不再"是个事儿","三语服务"让车站员工和过往乘客实现零距离沟通。

(摘编自武汉交通公众号,2019年8月23日)

三 人际沟通的技巧

城市轨道交通员工之间、员工与乘客之间的沟通每时每刻都在发生,掌握一定的人际沟通技巧能够有效减少人际交往障碍,避免人际冲突的产生。

1. 认真地倾听

认真倾听是良好沟通的基础,是对别人尊重的表现,也是真心实意关心别人的一种态度,蕴含着一个人的素养和智慧。西方哲学奠基者苏格拉底有句名言:自然赋予人类一张嘴、两只耳朵,也就是让我们多听少说。

2. 谦虚的态度

谦虚是一种美德,在人际交往中,要主动放低姿态,尊重沟通对象,以坦诚的方式和对方交流。

3. 赞美的言语

赞美并不是指阿谀奉承式的谄媚。使用赞美的言语,发自内心地认可和尊重对方,能够拉近彼此之间的距离,获得对方的信任。

4. 幽默的表达

幽默能够拉近自己和他人的关系,也能化解很多矛盾,当工作沟通中产生理解上的偏差时,幽默能够缓解尴尬的气氛,产生独特的沟通效果。

5. 微笑的服务

以真诚的笑容向乘客提供服务,会让乘客倍感亲切,愉快地接受服务。

6. 礼貌的姿态

得体的语言、姿态和表情能够在沟通中给对方留下良好的印象,有利于沟通

微笑服务要求

目标的实现;相反,粗俗的语言和举止会使沟通进行困难,更不用说达到沟通目标了。

▸ 知识拓展

世界微笑日

1948年,国际红十字会将国际红十字会创始人亨利·杜南的生日——5月8日确定为世界红十字日,这一天也是"世界微笑日"。随后,世界精神卫生组织把每年的5月8日订立为"世界微笑日"。

握 手 礼 仪

握手是日常工作中最常使用的礼节之一。握手时,伸手的先后顺序一般是上级在先、主人在先、长者在先、女性在先,握手时间一般在3～5秒为宜,握手力度不宜过猛或毫无力度,要注视对方并面带微笑,如图3-3所示。

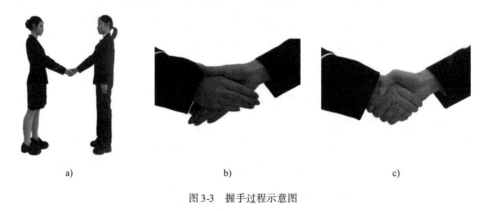

a)　　　　　　　　　b)　　　　　　　　　c)

图3-3　握手过程示意图

项目3　城市轨道交通员工职业能力

班级_____　姓名_____　学号_____　小组_____　任务3.1

☑ **任务实施**

1. 某大学调查结果显示：在500名被解职的员工中，因人际沟通不良而导致工作不称职者占82%。某大学对1万份人事档案进行了分析，结果是：智慧、专业技术、经验只占成功因素的25%，其余75%取决于良好的人际沟通。请结合自身经历，谈谈你对人际沟通的重要性的理解。

2. "刺猬理论"，源于刺猬在天冷时彼此靠拢取暖，但保持一定距离，以免互相刺伤的现象。在管理学中，"刺猬理论"强调的就是人际交往中的"心理距离效应"，对此谈谈你的看法。

3. 请说说图3-4展示的交谈时的身体姿态，表达和传递了哪些信息呢？

a)　　　　　　　　　　b)

图3-4　交谈时的身体姿态

4. 请说说图3-5展示的鞠躬姿势，分别适用于哪些场合呢？

a) 15°鞠躬　　　b) 30°鞠躬　　　c) 90°鞠躬

图3-5　鞠躬姿势

47

任务评价

1. 自我评价

我能做到：

☐ 了解人际沟通的方法

☐ 在与人沟通中遵守人际沟通的基本规则

☐ 熟练地运用人际沟通的技巧

2. 小组评价

我们小组做到了：

☐ 全员参与　　☐ 分工明确　　☐ 学习高效　　☐ 完成任务

3. 教师评价

序号	评价项目	成绩	综合成绩
1	学习准备		
2	知识理解		
3	参与讨论主动性		
4	沟通协调		
5	语言表达		
6	思维拓展		

任务3.2 团队协作

问题导入

引导问题1 成员怎样在团队中发挥最大作用?

引导问题2 你是否担任过团队的主导者?团队主导者应该具备什么样的品质?

引导问题3 一个好的团队应该具备什么样的品质?

引导问题4 你在班级这个团队里是怎样和其他成员相处的?

任务分组

建议学习者组建学习小组,制订学习计划,共同完成"任务实施"中的题目。

姓名	学号	分工	角色	学习计划

知识储备

一 团队和团队建设

1. 团队

(1)定义。

团队是为了实现某一共同目标而由相互协作的个体组成的正式群体。可以说,所有的团队都是群体,但这并不意味着所有的群体都是团队,只有有着共同目标且相互协作的正式群体才能称为团队。在群体中,团队的所有成员都希望并且要求相互之间提供帮助和支持,以团队方式开展工作。通过这种工作方式,可以促进团队成员之间的合作,提高工作效率。

(2)构成要素。

团队有五个重要的构成要素,简称"5P"。

①目标(purpose)。团队应该有一个既定的目标,为团队成员导航,没有目标,这个团队就没有存在的价值。

②人(people)。人是构成团队最核心的力量。3个及3个以上的人就可以构成团队。目标是通过人员具体实现的,所以人员的选择对团队来说非常重要。在一个团队中需要有人出主意,有人定计划,有人实施,有人协调,还有人去监督工作的进展情况。在人员选择方面要考虑人员的能力如何,技能是否互补,人员的经验如何。

③定位(place)。即应明确团队在发展过程中处于什么阶段,由谁选择和决定团队的成员,团队最终应对谁负责,团队采取什么方式激励成员。

④权限(power)。团队中领导人的权力与团队的发展阶段相关,一般来说,在团队发展的初期阶段,领导权相对比较集中,团队越成熟,领导者拥有的权力就越小。

⑤计划(plan)。目标最终的实现,需要一系列具体的行动方案,计划是实现目标的具体工作的程序。

----------- 知识拓展

团队与群体

团队是指为了实现某一目标而由相互协作的个体组成的正式群体。群体是指为了达到特定的目标,由两个或两个以上的人组成的相互依赖、相互影响的人群结构。

团队以目标为导向,以协作为基础,需要有共同的规范和方法,成员在技术或技能上形成互补。群体各成员之间具有共同的群体目标与利益,具有群体意识,能够密切协作和配合,群体要满足各成员的归属感需要。

思考:图3-6中哪些是群体?哪些是团队?

龙舟队　　　　　　旅行团　　　　　　足球队　　　　　　候机旅客

图3-6　团队与群体

2. 团队建设

(1)定义。

团队建设是企业在管理中有计划、有目的、有步骤地对其成员进行训练、提高的活动。企业通过团队建设可以迅速而有效地解决一些新出现的问题,推行一些新的工作方法,增加组织的凝聚力,提高团队成员的整体素质。

(2)基本要求。

①清晰的目标。

一个高效团队必须要有一个奋斗目标,团队成员对于其所要达到的目标必须有一个清楚的认识,理解这一目标包含的重大意义以及对团队和个人的价值。团队成员要把个人目标与团队目标紧密地结合在一起,在追求个人目标的同时最大限度地实现团队目标。

②共同的信念。

高效团队的成员会对团队表现出高度的忠诚,抱有坚定的信念。为使群体获得成功,他们愿意尽最大努力完成工作。这种共同的信念使团队具有极强的凝聚力和协作力,能够调动和发挥团队成员的最大潜能。

③信任的氛围。

成员之间的相互信任是有效团队的必要条件和显著特征,只有团队中的每个成员对其他成员的品行和能力都深信不疑,团队才有可能协同发挥作用。所以,团队中必须营造相互信任的氛围,否则很难发挥团队的作用。

④良好的沟通。

一个高效团队必不可少的特点之一就是拥有良好的沟通,通过交流信息、看法和经验促进团队成员的共同进步。

⑤必要的技能。

一个优秀的团队必然是高素质的团队,是由一群有能力的成员组成的。他们具备实现团队目标所需的技能和素质,相互之间能够很好地合作,从而出色地完成任务。与此同时,团队中的成员还应具备调整技能的能力,应随着团队环境的变换而不断进行自我调整,以适应团队工作的需要。

⑥优秀的领导。

任何一个团队都需要一个强有力的领导者带领团队开展活动。在一个高效运转的团队中,领导者的作用至关重要。优秀的领导者能够带领团队成员共同度过艰难的时期,为团队发展指明方向。

⑦良好的环境。

高效团队的一个必需条件就是它的支持环境。从内部条件来看,团队应拥有一个合理的基础结构。从外部条件来看,团队应当具有优秀的文化氛围。如果一个团队的文化积极上进,崇尚开放、包容、团结协作的作风,其工作成效往往较显著。

(3)特色团队。

为推动团队发展,除了要有人性化与制度化并存的管理模式外,还要突出团队精神,彰显团队优势,增强竞争力和凝聚力,因此构建一个具有特色的团队尤为重要。常见的特色团队类型有知识型团队、学习型团队、创新型团队、服务型团队等。

以学习型团队为例,它是指一个为完成共同目标,共享信息和其他资源,并按一定规则和程序,通过充分沟通和协商开展工作的群体。相对于"制度＋流程"的控制性、机械性组织而言,学习型团队是一种模仿性、嬗变性的组织,强调不断学习新知识、新技能,完善自身行为,根据外部环境的变化做出调整,更好地适应快速发展的科技和瞬息万变的环境,实现持续改进和发展。学习型团队重点要解决学习动力和学习能力两个问题。

---------○ 知识拓展

木桶原理

木桶原理又称短板理论、木桶短板管理理论,由美国学者劳伦斯·彼得提出。其核心内容为:一只木桶盛水的多少,并不取决于桶壁上最长的那块木块,而取决于桶壁上最短的那块,如图3-7所示。

图3-7　木桶原理

木桶原理对团队建设有什么启示?

---------○ 职业现场

地铁站"劳模班组"

宝剑锋从磨砺出,梅花香自苦寒来。2号线汉口火车站是武汉地铁车站中最繁忙的一座交通枢纽站,它既是众多乘客入汉的第一站,也是离汉前的最后一站。有支队伍是一群身着"梅花红"制服的精兵强将,他们秉持"知你心忧、懂你所求"的理念,用心、用情、用智服务近3亿人次乘客的平安幸福出行,打造出武汉地铁的"服务样本",写就了武汉地铁的"通途故事"。

从"80后"到"00后",全国劳动模范、武汉地铁"最强站长"姚婕和她的40名班组员工锻造出了武汉地铁运营服务的"最强队伍"(图3-8)。

从"点心工作法"到"通途行动",这支队伍用生动的服务实践将他们的系列特色服务举措从2号线汉口火车站辐射至全线网,带动服务质量的全面提升,为武汉地铁"微笑服务"品牌增添了生动注脚,也让"有温度的服务"从城市的这个角落播撒到千家万户。

图 3-8 "劳模班组"特色团队

(摘编自中国交通新闻网,2022 年 3 月 18 日)

二 团队精神

1. 定义

团队精神是大局意识、协作精神和服务精神的集中体现,核心是协同合作,反映的是个体利益和整体利益的统一,进而保证组织的高效率运转。

2. 作用

(1)团队精神能推动团队运作和发展。

在团队精神的作用下,团队成员产生了互相关心、互相帮助的交互行为,显示出关心团队的主人翁意识,并努力自觉地维护团队的集体荣誉,自觉地以团队的整体声誉为重,以此约束自己的行为,从而使团队精神成为企业自由、全面发展的动力。

(2)团队精神能培养团队成员的集体意识。

一个具有团队精神的团队,能使每个团队成员显示高涨的士气,有利于激发成员工作的主动性,由此形成集体意识,有共同的价值观,团结友爱,团队成员才会自愿将自己的聪明才智贡献给团队,同时使自己得到更全面的发展。

(3)团队精神有利于提高组织整体效能。

通过发扬团队精神,增强团队成员的亲和力,能够提高企业的凝聚力,激发组织整体效能。

3. 特征

(1)团队精神的基础——挥洒个性。

团队精神不是集体主义,不是泯灭个性、扼杀独立思考。一个好的团队,应该鼓励和正确引导成员强化团队意识,绽放个人光芒,打造团队精神。团队业绩从根本上说,首先来自团队成员个人的成果,其次来自集体的成果,团队依赖个体成员的共同贡献而得到实实在在的集体成果。这里恰恰不要求团队成员都牺牲自我去完成同一件事情,而要求团队成员都发挥自我能动性去做好这一件事情。即团队效率的培养,团队精神的形成,其基础是尊重个人的兴趣和成就。设置不同的岗位,选拔不同的人才,给予不同的培养和肯定,让每一个成员都拥有特长、表现特长。这样的氛围越浓厚越好。

(2)团队精神的核心——协同合作。

社会学实验表明,两个人以团队的方式相互协作、优势互补,其工作绩效明显优于两个人单干时的绩效总和。团队精神强调的不仅仅是一般意义上的合作与齐心协力,它要求发挥团队的优势,其核心在于团队成员在工作中加强沟通,利用个性和能力差异,在团结协作中实现优势互补,发挥协同效应,实现"1+1>2"的效果。因此,共同完成目标任务的保证,在于团队成员才能上的互补,在于发挥每个人的特长,并注重流程,使之产生协同效应。

(3)团队精神的最高境界——团结一致。

全体成员的向心力、凝聚力是从松散的个人集合走向团队最重要的标志。在这里,有一个共同的目标并鼓励所有成员为之奋斗固然是重要的,但是,向心力、凝聚力来自团队成员自觉的内心动力,来自共同的价值观。在没有展示自我机会的团队里很难形成真正的向心力。

(4)团队精神的外在形式——奉献精神。

团队总是有着明确的目标,实现这些目标不可能总是一帆风顺的。因此,具有团队精神的人,总是拥有强烈的责任感,充满活力和热情,为了确保完成团队赋予的使命,和团队成员一起努力奋斗、积极进取、进行创造性的工作。在团队成员对待团队事务的态度上,表现为团队成员在自己的岗位上尽心尽力,为了整体的和谐而主动甘当配角,自愿为团队的利益放弃自己的利益。

三 团队协作的关键

团队协作是建立在团队的基础之上,发挥团队精神、互补互助以达到团队的最大工作效率,实现"1+1>2"的效果,关键要做到以下几点。

1. 信任

团队是一个相互协作的群体,需要团队成员之间建立相互信任的关系。只有相互信任、相互依赖,团队中的每个人才能发挥出自己最大的优势,整个团队才能收集到更多的智慧,更具竞争力。信任是团队协作的基石,是团队内部的一种激励,是团队前进的内在动力。若没有信任,团队内就将缺少真诚的交流,而没有交流,可能会产生猜疑,团队的矛盾就会越来越多,整个团队也就形同散沙,毫无力量可言。因此,培养团队能力的基础就是相互信任。

2. 宽容

团队成员间的相互宽容,指包容各自的差异性和独特性。宽容是让一个人尽快融入团队的捷径,它是团队合作中最好的润滑剂,能消除分歧和矛盾,使团队成员相互尊重、彼此包容、和谐相处,从而安心工作,促进团队发展。

3. 沟通

团队成员间的沟通能力是保持团队旺盛生命力的必要条件。当团队遇到困难和矛盾时,有效的沟通能加快解决问题的速度。持续有效的沟通,能充分体现一个团队良好的团队精神。团队成员唯有从自身做起,有方法、有层次地对其他成员发表意见并探讨问题,汇集经验和知识,才能培养团队意识,激发自身和团队的力量。因此,培养团队协作能力,就要培养和提高自身的沟通能力。

4. 奉献

奉献可以激发团队成员的工作动力,能为工作注入能量。在团队中,只有整体的利益得到满足了,个人的利益才会实现。一个人与整个团队相比,是渺小的,太过计较个人得失的人,永远不会真正融入团队。而拥有极强全局意识的人,最终会是最大的受益者。因此,奉献精神也是培养团队精神中的一个重要因素。

5. 尊重

平等待人,有礼有节,既尊重他人,又尽量保持自我个性,这是团队合作的能力之一。只有团队中的每一个成员都尊重彼此的意见和观点,尊重彼此的技术和能力,尊重彼此对团队的贡献,团队才会得到最大的发展。

6. 欣赏

每一个人的身上都有闪光点,都值得去学习。要想成功地融入团队,就要善于发现每个成员的优点。团队的高效率在于每个成员配合的默契,而这种默契来自团队成员的互相欣赏、扬长避短。如果达不到这种默契,团队合作就不可能真正成功。

———————————————— 哲理思考

大 雁 飞 行

大雁以 V 字形状飞行时会使整个鸟群的飞行效率相对于无规则的单独飞行提高至少 71%。当大雁在飞行时,前面的大雁会创造一个上升气流,后面的大雁能够利用这个气流降低阻力,从而减轻疲劳和减少能量消耗。当领队的大雁累了,它会盘旋着飞到后面,而后面的大雁早已做好准备,及时飞向领队位置进行替换。为了鼓励处在队形前方的大雁,后面的雁群往往会发出代表鼓励的叫声。当一只大雁病了并脱离了队形,会有另外两只大雁脱离队形并紧紧跟着它,给予它帮助和保护,如图 3-9 所示。

图 3-9　大雁飞行的阵形

=== 精神传承

数万名武汉地铁"志愿服务合伙人"助力乘客便捷舒适出行

2023年3月5日是第60个学雷锋纪念日,武汉地铁与40余所高校的101个志愿服务团队签订志愿服务共建协议,基本实现了重点车站志愿服务的全覆盖。数万名武汉地铁"志愿服务合伙人"正式开启2023年的常态化志愿服务工作。

3月4日、5日两天,共有约2000名大学生志愿者身着红马甲,在各条线路重点站,开展志愿服务超过4000小时。1号线新荣站开展"在雷锋的朋友圈互动,记录每一个温暖瞬间"活动;中国地质大学(武汉)志愿者在2号线光谷广场站设立急救科普小课堂,车站员工和志愿者为乘客科普急救知识;王家湾、街道口、古田一路等站点的志愿者开展了环境卫生整治、地铁安全知识宣讲等"学雷锋"主题活动……志愿者的一个热情微笑、一句温情提示、一个帮扶善举、一路贴心护送,为乘客出行提供了便利,向社会传播文明、传递真情。

2012年,武汉地铁正式启动志愿服务工程,从最初的数十人,发展到目前2支总队、近30个支队、志愿者人数超7万名的多元化队伍。多年来,武汉地铁坚持打造志愿服务品牌,现已形成了规范化管理、常态化服务、项目化运作、品牌化培育、标准化建设的"五化工作法",成为地铁志愿服务创新发展的行动指南,连续五年获得"十佳"志愿服务项目,其中"文明伴你行"志愿服务项目还获评全国"四个100"最佳志愿服务项目。

(摘编自武汉交通广播微信公众号,2023年3月6日)

班级_____ 姓名_____ 学号_____ 小组_____

任务3.2

☑ **任务实施**

1. 团队中为什么会有"三人成虫"的现象？为什么有时"三个臭皮匠能胜诸葛亮"？

2. 鲶鱼在搅动小鱼生存环境的同时,也激发了小鱼的求生能力,这种现象一般称为"鲶鱼效应"。有人说这是打造优秀团队的不二法则,谈谈你的理解。

任务评价

1. 自我评价

我能做到:
☐ 知道什么样的团队是一个好的团队
☐ 知道自己在一个团队里的准确定位
☐ 通过团队协作完成工作任务

2. 小组评价

我们小组做到了:
☐ 全员参与　　☐ 分工明确　　☐ 学习高效　　☐ 完成任务

3. 教师评价

序号	评价项目	成绩	综合成绩
1	学习准备		
2	知识理解		
3	参与讨论主动性		
4	沟通协调		
5	语言表达		
6	思维拓展		

任务3.3 时间管理

问题导入

引导问题1 你平时学习时是否感觉到时间不够用？

引导问题2 你平时能不能有计划地完成各种学习任务？

引导问题3 你平时是否制订过短期计划和长期计划？执行结果怎样？

任务分组

建议学习者组建学习小组，制订学习计划，共同完成"任务实施"中的题目。

姓名	学号	分工	角色	学习计划

知识储备

一 时间管理概述

1. 定义

时间管理指通过事先规划和运用一定的技巧、方法与工具实现对时间的灵活、有效运用，从而实现个人或组织的既定目标的过程，其作用是更有效地运用时间。

2. 原则

在有限的时间和资源下实现目标最大化，是高效管理者工作的重要原则。时间是实现目标的重要因素之一，为了对高效管理者的时间进行更好的管理，我们引入帕累托原则（又称二八定律、80/20法则），它是19世纪末20世纪初由意大利经济学家及社会学家帕累托提出的，其核心内容是生活中80%的结果几乎源于20%的活动。比如20%的客户给你带来80%的业绩，可能创造了80%的利润；世界上80%的财富被20%的人掌握着，世界上80%的人只分享了20%的财富。因此，要把注意力放在20%的关键事情上，如图3-10所示。

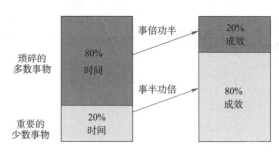

图 3-10 时间的"二八定律"

在时间管理中运用帕累托原则实际上遵循了时间管理的"优先性原则",这有助于应对大量有待完成的工作。将一大堆需要完成的工作列出优先次序,把最应优先完成的作为工作中之重中之重,各花上一段时间集中精力把它们完成。只有这样,那些看起来可能无法完成的工作才能通过我们所完成的那几件重要工作得到解决,从而获得最大的收益。

二 时间管理方法

完成一件事情可以有许多方法,关键在于能否找出最快速的方法。遇到事情不要不经思考就直接做,先花几分钟思考一下,有什么方法可以更有效率地完成任务。时间管理有以下几种方法。

1. 计划管理法

计划有日计划、周计划、月计划、季度计划、年度计划,时间管理的重点是待办单、日计划、周计划、月计划。

待办单是事先将你每日要做的一些工作列成一份清单,排出优先次序,确认完成时间,以找出工作重点。要避免遗忘就要尽可能做到今日事今日毕。

待办单主要包括非日常工作、特殊事项、行动计划中的工作、昨日未完成的事项等。使用待办单最关键的是每天坚持。每天在固定时间制定待办单,只制定一张待办单,完成一项工作划掉一项,待办单要为应对紧急情况留出时间。

每周周末做出下周工作计划,每月月末做出下月工作计划,每季度末做出下季度工作规划,每年年末做出下一年度工作规划。

2. 时间"四象限"管理法

著名管理学家科维提出了一个时间管理的理论,把工作按照重要和紧急两个不同的程度进行划分,基本上可以分为四个"象限"(图3-11):

(1)紧急且重要(如人事危机、客户投诉、即将到期的任务、财务危机等);

(2)重要但不紧急(如建立人际关系、新的机会、人员培训、制订防范措施等);

(3)紧急但不重要(如电话铃声、不速之客、行政检查、主管部门会议等);

(4)既不紧急也不重要(如客套的闲谈、无聊的信件、个人的某些爱好等)。

时间管理理论的一个重要观念是应有重点地把主要的精力和时间集中地放在处理那些重要但不紧急的工作上,这样可以做到未雨绸缪,防患于未然。人们在日常工作中,很多时候往往有机会去很好地计划和完成一件事,但又没有及时地去做,随着时间的推移,工作质量逐渐下降。因此,把主要的精力放在重要但不紧急这个"象限"的事务上是必要的,这需要很好地安排时间。一个好的方法是建立预约机制,建立了预约机制,自己的时间才不会被别人占据,从而有效地开展工作。

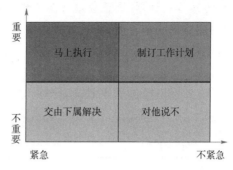

图3-11 时间"四象限"管理法

3. 考虑不确定性

在时间管理的过程中,还需应对意外的不确定性事件,因为"计划赶不上变化",需为意外事件留时间。有三个预防此类事件发生的方法:①为每件计划都留有多余的预备时间。②努力使自己在不留余地又饱受干扰的情况下完成预计的工作。这并非不可能,事实上,工作快的人通常比慢吞吞的人做事更精确。③准备一套应变计划。迫使自己在规定时间内完成工作,需要对自己的能力有信心。考虑到时间管理的不确定性,在不忙的时候,一般要先把必须要做的工作尽快解决。

要很好地完成工作就必须善于利用自己的工作时间。工作是无限的,时间却是有限的。时间是最宝贵的财富,没有时间,计划再好,目标再高,能力再强,也是徒劳。要充分合理地利用任何可利用的时间,压缩时间的流程,使时间价值最大化。

▶ 职业现场

地铁客运班组长一日工作安排

(1)提前30分钟到站了解日班计划、列车运行情况、站内停留车状况、调车作业进度、货源、货位及装卸作业、行车设备运用状况,站内与区间施工安排及有关文电指示等。

(2)接班前10分钟召集全班人员列队点名,检查着装和人员的精神状态,主持传达日班计划、上级命令、指示及有关注意事项,做到有关情况全员了解、日班计划人人清楚,搞好班前安全预想。

(3)认真实行对号交接制度,列车运行情况、站内停留车位置、防溜措施、各种行车备品及有关上级指示和重点注意事项要逐项交接,做到交清接明,互相签认。

(4)严格执行接发列车作业标准和非正常情况下作业程序及安全行车措施,按规定办理闭塞、准备进路、填写及交接行车凭证、填记行车日志等。

(5)调车作业时,根据列车运行预确报及本站装卸等情况,正确、及时地编制

车站交接班

和传达作业计划,要正确填写调车作业通知单,合理安排接发列车和调车作业的衔接,掌握调车进度,按规定时间停止妨碍接发列车进路上的调车作业,严禁"抢勾"作业。

(6)正确、及时、清楚地填写各种台账和报表。

(7)组织全班人员认真总结一班工作,找差距,查隐患,定措施,整理和登记有关台账和簿册。

▸ 职业现场

时间管理误区:不会适时说"不"

某公司时间管理培训的重要部分,就是让员工清楚了解时间管理的一大误区:不会适时说"不"。该公司认为,人们组织工作不当中最常见的一种情况就是不会拒绝,这特别容易发生在热情洋溢的新人身上。新人为了表现自己,往往不假思索地接受来自各方的请托,但这不是一种明智的行为。

量力而行地说"不",对己对人都是一种负责。第一,自己不能胜任被委托的工作,不仅徒费时间,还会对自己的其他工作造成影响。第二,无论是工作效率还是工作效果都无法达标,而且会打乱委托人的时间安排,结果是"双输"。

所以该公司一向强调,接到别人的委托,不要急于说"是",而是要分析一下自己能否按期保质保量地完成工作。如果不能,就要具体与委托人协调,在必要时刻,敢于说"不"。

班级_____ 姓名_____ 学号_____ 小组_____

任务3.3

☑ **任务实施**

把要做的事情按照紧急、不紧急、重要、不重要的排列组合分成四个象限，这四个象限的划分有利于我们对时间进行深刻的认识及有效的管理。这就是时间管理理论中的"四象限法则"，结合你平时的具体事例，谈谈你是怎样进行时间管理的。

任务评价

1. 自我评价

我能做到：
☐知道时间管理对于完成任务的重要性
☐制订各种时间计划
☐在任务实施过程中对突发事件进行应急处理

2. 小组评价

我们小组做到了：
☐全员参与　☐分工明确　☐学习高效　☐完成任务

3. 教师评价

序号	评价项目	成绩	综合成绩
1	学习准备		
2	知识理解		
3	参与讨论主动性		
4	沟通协调		
5	语言表达		
6	思维拓展		

任务3.4 情绪管理

问题导入

引导问题1 你经常会情绪低落吗?

引导问题2 你的好朋友情绪低落时,你会怎么安慰他?

引导问题3 你知道如何让自己的情绪保持在一个良好的状态吗?

引导问题4 宣泄的方法对于负面情绪有缓解作用吗?

任务分组

建议学习者组建学习小组,制订学习计划,共同完成"任务实施"中的题目。

姓名	学号	分工	角色	学习计划

知识储备

一 情绪管理概述

1. 情绪的定义

情绪是个体对外界刺激的主观的有意识的体验和感受,具有心理和生理反应的特征。情绪无好坏之分,一般划分为积极情绪、消极情绪。但由情绪引发的行为及其后果有好坏之分。

2. 情绪劳动的概念

情绪劳动概念最早的提出者 Hochschild 认为情绪劳动是组织个体员工在工作中表达出的可被客户观察到的面部表情和身体动作,分为表面扮演、深层扮演和真实情绪的表达三个维度。

3. 情绪管理的概念

情绪管理指通过研究个体和群体对自身情绪和他人情绪的认识、协调、引导、互动和控制,充分挖掘和培植个体和群体的情绪智商,培养其驾驭情绪的能力,从而确保个体和群体保持良好的情绪状态,并由此产生良好的管理效果。

简单地说,情绪管理就是用科学的心理方法有意识地调适、缓解、激发情绪,以保持适当的情绪体验与行为反应,避免或缓解不当情绪与行为反应引发的实践活动,科学的心理方法包括认知调适、合理宣泄、积极防御、理智控制、及时求助等。

需要说明的是,情绪管理并非消灭情绪,而是疏导情绪并合理化之后的信念与行为,其目的是让人以最恰当的方式来表达情绪。如同亚里士多德所言:"任何人都会生气,这没什么难的,但要能适时、适所、以适当方式对适当的对象恰如其分地生气,可就难上加难。"

二 情绪管理方法

1. 情绪的自我管理

在面对不良情绪时,要使用正确、科学的方式探索自己的情绪,调整情绪、理解情绪并放松情绪,成为情绪的主人,形成一定的情绪管理能力。情绪自我管理的方法有以下几种:

(1)心理暗示法。

心理暗示法就是个人通过语言、形象、想象等方式,对自身施加影响的心理过程。积极的自我暗示能使人保持好心情、乐观的情绪和自信心,能调动内在因素,发挥主观能动性。比如利用语言进行指导和暗示,当你向乘客推荐产品遭到拒绝时,你可以暗示自己:"这次我表现得不错,成功地向乘客做了产品展示。我的下一位乘客一定会购买的!"当你觉得情绪快要失控时,可以使用"冷静""三思而后行""制怒""镇定"等词来控制自己的情绪。

(2)注意力转移法。

注意力转移法就是把注意力从自己的消极情绪转移到其他方面上,可分为注意转移和行动转移。注意转移是指把注意力从消极情绪转移到其他方面上;行动转移是指把情绪转化为行动的力量,把怒气等消极情绪转移到其他积极活动之中。注意力转移法可以中止不良刺激源,防止不良情绪的蔓延。另外,通过参与新的活动能够增强积极的情绪体验。比如关注自己感兴趣的事物。当感到工作压力大时,可以通过外出散步、看电影、读书、打球、下棋、聊天等方式来缓解不良情绪。

(3)适度宣泄法。

过分压抑会使情绪困扰加重,适度宣泄则可以把不良情绪释放出来,从而使紧张情绪得以缓解。比如向好友倾诉自己心中的不平和委屈,进行劳动或体育运动,在空旷的山野大声叫喊。需要注意的是:采取宣泄法时,应该增强自制力,不要随便发泄不满或者不愉快的情绪,应该采取正确的方式,选择适当的场合和对象进行。

(4) 自我安慰法。

自我安慰法能够帮助人们积极面对挫折、消除焦虑，有助于保持情绪的安宁和稳定，避免精神崩溃，可以达到自我激励、总结经验、吸取教训的目的。比如执行任务失败时，找出合乎内心需要的理由来说明或辩解，安慰自己"塞翁失马，焉知非福"。

(5) 交往调节法。

不良情绪常常是由人际关系矛盾和人际交往障碍引起的，通过交往增强自己战胜不良情绪的信心和勇气，能更理智地去对待不良情绪。比如找朋友交流、谈心。

(6) 情绪升华法。

将消极情感引导到对人、对己、对社会都有利的方向上。比如化悲愤为动力，在生活中受到挫折时，可以把注意力转移到工作中去，在工作中证明自己的能力。

2. 企业对员工的情绪管理

除了进行自我情绪管理之外，企业还需要时刻关注员工的情绪、心理状态，发现问题并及时提供相应的帮助。

城市轨道交通运营企业追求高质量的服务品质，会从规章制度、物质奖惩等角度来约束员工的外在表现，使其按照公司的服务要求来工作。但是，如果仅关注员工的外在表现和工作结果，忽视员工的情绪、心理状态，就会影响公司人员的稳定性，对公司的长远发展不利。城市轨道交通运营企业应该从以下两个方面关注员工的情绪状态：

(1) 重视员工的情绪劳动方式。

深层扮演需要员工从内心深处接受或者高度认同公司的服务理念和规范。因此，公司需要将企业的服务文化宣传到位，深入人心，重视精神层面的激励，让员工真心接受，减少表面扮演的现象。

(2) 关注员工的工作倦怠感。

员工的情绪状态与工作倦怠的关系显著，企业要多关注一线客运服务员工的工作倦怠感，关心员工的情感状态和心理状态，并采取相应的措施来适时调整。

━━━━━━━━━━━━━━━━━━━━━━━━━━━━━━ ▷ 知识拓展

创伤后应激障碍

创伤后应激障碍(PTSD)是指个体经历、目睹或遭遇到一个或多个涉及自身或他人的实际死亡，或受到死亡的威胁，或严重受伤，或躯体完整性受到威胁后，导致的个体延迟出现和持续存在的精神障碍。交通事故(包括公共交通)是目前导致创伤后应激障碍的主要原因之一。

研究发现,1995年日本东京地铁沙林毒气恐怖袭击案发生后,超过三分之一的受害者患有创伤后应激障碍,受害者长期遭受心理和生理上的痛苦折磨,需要定期接受情绪疏导关怀。

● 前沿科技

"情绪感知手环"让公交出行多一道"保险"

公交驾驶员的身心健康直接影响着行车安全。强化公交驾驶员的身心健康管理,既重要又迫切。北京公交集团通州及中心城区部分线路驾驶员率先佩戴情绪感知手环,利用科技手段加强驾驶员身心健康管理。

据介绍,情绪感知手环外观像一块白表盘、黑表带的手表。这个为驾驶员定制的手环可以进行七种体征监测,包括体温、心率、呼吸频率、血氧、运动、血压、睡眠,还可以监测抑郁、焦虑等情绪状态。为公交驾驶员配备感知手环,可以实现实时测量、异常预警、线下核查、情绪感知,为公交驾驶员心理健康提供坚实保障,彰显了北京公交集团"以人为本"的理念。这一暖心之举,赢得了社会舆论的广泛称赞。

(摘编自潇湘晨报,2022年6月1日)

项目3　城市轨道交通员工职业能力

班级_____　姓名_____　学号_____　小组_____

任务3.4

> **任务实施**

　　一位父亲在公司受到了老板的批评,回到家就把沙发上跳来跳去的孩子臭骂了一顿。孩子心里窝火,狠狠地去踹身边的猫。猫逃到街上,正好一辆货车开过来,驾驶员赶紧避让,却把路边的孩子撞伤了,这就是心理学上的"踢猫效应"。请从情绪管理的角度谈谈你的看法。

任务评价

1. 自我评价

我能做到：

☐很好地控制自己的情绪

☐用一些方法缓解自己的负面情绪

☐帮助其他同学解决情绪上的问题

☐知道用激励的方式来解决情绪的倦怠期

2. 小组评价

我们小组做到了：

☐全员参与　☐分工明确　☐学习高效　☐完成任务

3. 教师评价

序号	评价项目	成绩	综合成绩
1	学习准备		
2	知识理解		
3	参与讨论主动性		
4	沟通协调		
5	语言表达		
6	思维拓展		

任务3.5　学习创新

引导问题1　你觉得在大学学习知识和中学有什么不同？

引导问题2　学习中遇到不懂的问题你会放弃吗？

引导问题3　你能坚持自学完一门课程吗？

引导问题4　你会与同学交流学习心得吗？

任务分组

建议学习者组建学习小组，制订学习计划，共同完成"任务实施"中的题目。

姓名	学号	分工	角色	学习计划

知识储备

一　学习创新概述

1. 学习

学习指以快捷简便、有效的方式获取准确的知识信息，加工和利用信息，把新知识融入已有的知识、分析和解决实际问题的能力。学习能力是所有能力的基础。

2. 学习力

学习力即转化知识的能力，是一个人的学习动力、学习毅力和学习能力的综合体现。因此学习力的三个要素是：学习动力、学习毅力和学习能力（图3-12）。

（1）学习动力。学习动力主要包括学习需要、学习情感和学习兴趣。

（2）学习毅力。学习毅力是学习行为的保持因素，在学习力中不可或缺。

(3)学习能力。学习能力是产生学习力的基础因素,主要包括感知力、记忆力、思维力、想象力等。

图3-12 学习力三要素

学习力的三个要素不是孤立存在的,它们之间有着内在的联系:学习动力体现了学习者的目标;学习毅力反映了学习者的意志;学习能力则来源于学习者掌握的知识及其在实践中的应用。当有了努力的目标,学习者只是具备了"应学"的动力;当具备了丰富的理论和实践经验,学习者仅仅具有了"能学"的力量;而当学习的意志很坚定的时候,学习者不过是有了"能学"的可能性。只有将三者合而为一,集于一身,学习者才真正地拥有学习力。

现代社会的一个重要特征是知识创造与更新的速度日益加快,据估计,在50年后人类所拥有的知识总量中,现存知识只占其中的1%。换句话说,在50年后我们所用的知识绝大部分都是新知识。因此,个人社会竞争力的高低不仅仅取决于你现在掌握了多少知识,更大程度上取决于你掌握新知识的速度快慢和能力强弱,也就是说知识折旧速度在加快。计算机和现代通信技术使大部分知识可以复制,拥有某种知识的优势会迅速失去,未来唯一持久的优势是有能力比你的竞争对手学习得更快,所以学习力将是未来个人最核心的竞争力。

3. 创新性学习

创新性学习是适应变化万千的未来社会所应具有的一种学习体系和形式,要求在学习知识的过程中,不拘泥于书本,不迷信权威,不墨守成规,以已有的知识为基础,结合学习的实践和对未来的设想,独立思考,大胆探索,别出心裁,提出新思路、新问题、新设计、新途径、新方法。

传统的学习是维持性学习,学习者获取的只是固定不变的见解、观点、方法和规则,目的是应对已知的、重复发生的情况,增强学习者解决既定问题的能力,从而达到维持现存社会制度和现存生活方式的目的。创新性学习是一种能带来变化、更新、重组和重新提出问题的学习形式,能使个人和社会在急剧变革中具有对突变提前作好准备的能力和应对能力,是解决个人和社会问题的重要手段。

新一代信息技术的发展给传统城市轨道交通建设、运营、服务方式带来了冲击,也带来了新的发展契机。在此时代背景下,城市轨道交通员工要利用创新性学习的方法,锻炼数字化运用能力,迎接城市轨道交通行业数字化转型带来的职业挑战。

二 学习创新方法

学习创新方法相对于传统的接受性学习而言,更加突出学习的创造性,是培养创造力和问题解决能力的重要方法。常见的方式有自主学习法、团队学习法、问题导向学习法等。

1. 自主学习法

自主学习法指学习者充分发挥个体主观能动性进行的创新性学习,即学习过程呈现自主、主动、创新三个相互依存的层次。自主学习法的基本特征是预期性、参与性与创新性。

(1)预期性。预期性体现为学习者进行创新学习,既要有明确的目标意识,能主动规划和安排自己的学习,又要在大量信息中捕捉信息、敏锐感受和理解信息,并能根据自己的需要将信息进行分类、整理。

(2)参与性。参与性体现为学习者参与集体生活,和集体成员相互协作、互相尊重,对社会有强烈的责任感、义务感。

(3)创新性。创新性体现为学习者不满足于获得现成的答案或结果,对所学习的内容能展开独立思考,开展多向思维模式,创造性地探索新的问题。

2. 团队学习法

团队合作意味着"发挥整体作用"。团队学习法就是在团队合作的基础上,为达到一致的目标,持续进行全方位学习。实施团队学习法,需要制订学习目标,培养学习文化和气氛,提升学习方法,不断充实和共享学习资源,开展集体学习活动,在团队协作实践中持续、相互学习。

团队学习的主要形式包括:在线学习活动、集体学习活动、信息交换会议、专题会议制度、技巧性讨论和深度会谈讨论。

3. 问题导向学习法

问题导向学习法指学习者带着问题开展学习,并不断寻找信息,提出解决问题方案的学习方式。问题导向学习法的特征有如下几个方面:

(1)问题心理倾向性。问题心理倾向性体现为学习者在心理上有提问题的欲望。问题导向学习需要学习者克服自卑心理,有提问题的意识和勇气。

(2)问题构成目的性。问题构成目的性体现为学习者提出一个问题,要从处理什么样的事情和达到什么样的目的入手。

(3)问题要素开放性。问题要素开放性体现为一个问题要具有问题的条件、问题的结论和从条件到结论间有一定的思维距离三个要素。要素开放性主要是指问题的条件或问题的结论开放。

一般来说,问题导向学习法要遵循四个步骤:

(1)酝酿问题。酝酿问题是指在学习过程中,学习者可能就某些内容产生疑问,经过一定时间的准备,可提出问题。

(2)发现问题。从发现问题的过程来看,发现问题体现学习者的主体地位。

发现问题的过程不仅体现学习者的知识素养,也体现学习者的思维品质和学习习惯。

(3)明确问题。明确问题既是一个学习的过程,也是一个不断尝试、探索的过程。

(4)解决问题。解决问题是寻找和接收信息、回忆知识和方法、进行加工处理的过程,是一种较高层次的定向活动。在这一学习过程中,学习者积极围绕问题进行思考,最终构建和完善解题方案,直至解决问题。

班级_____ 姓名_____ 学号_____ 小组_____

任务实施

请结合案例,查阅相关资料,谈谈你对学习创新的认识。

香港铁路有限公司的"创新学习"之路

香港铁路有限公司前身为香港地铁公司,于1979年开始运营香港的轨道交通系统。香港铁路有限公司选择了不断创新的发展战略,其中一项重要举措就是建立学习型组织,促进团队智能化建设。

香港铁路有限公司在2007年启动知识管理进程,并于2009年启动"学习型组织"建设计划,旨在围绕人员发展,建立一个能持续提供学习机会、职业发展机会给员工的先进学习型企业。

📋 任务评价

1. 自我评价

我能做到：
☐ 坚持学完一门知识或掌握一项技能
☐ 在学习中遇到困难会向老师或同学求助
☐ 在学习过程中发现问题
☐ 知道持续学习的重要性

2. 小组评价

我们小组做到了：
☐ 全员参与　☐ 分工明确　☐ 学习高效　☐ 完成任务

3. 教师评价

序号	评价项目	成绩	综合成绩
1	学习准备		
2	知识理解		
3	参与讨论主动性		
4	沟通协调		
5	语言表达		
6	思维拓展		

任务3.6 应急处理

问题导入

引导问题1　你遇到过突发事件吗？

引导问题2　在策划一些活动时,你有没有针对突发事件的预案？

引导问题3　在一次户外活动过程中,你的同伴摔伤了脚,你该怎样处理？

引导问题4　你知道什么是危机公关吗？

任务分组

建议学习者组建学习小组,制订学习计划,共同完成"任务实施"中的题目。

姓名	学号	分工	角色	学习计划

知识储备

一、突发事件概述

1. 定义

突发事件是指突然发生,造成或者可能造成严重社会危害,需要采取应急处置措施予以应对的自然灾害、事故灾难、公共卫生事件和社会安全事件。

2. 特点

突发事件的特点有以下几点：

（1）不确定性和突发性。突发事件以什么方式、在什么时候出现,往往是人们不能预料的,这就决定了突发事件发生的具体时间、实际规模、具体态势和影响程度是难以完全预测的,一切都瞬息万变,并且极可能产生涟漪效应。

（2）聚众性。社会性突发事件多是由少数个人操纵,通过宣传、鼓动把一些不明真相的群众卷到事件中来。自然性的突发事件,也往往危及多数群众的生命财产,关系到一个区域工作的成败,使事件具有聚众性。

(3)社会危害性。突发事件的发生一般都会造成一定的社会危害,小到影响广大群众的正常的生产、生活运转,大到影响一个地区的经济发展、社会稳定,甚至危害国家的政治安定和民族团结。

(4)决策的非程序化性。领导者必须在有限的信息、资源和时间条件下寻求所谓"满意"的应急处理方案。危机事件的决策环境相较于政府的常规性决策环境往往是一种非常态的社会情境,是各种不利情况、严重威胁、不确定性的高度积聚。

城市轨道交通运营突发事件是指城市轨道交通运营过程中发生的因列车撞击、脱轨,设施设备故障、损毁,以及大客流等情况,造成人员伤亡、行车中断、财产损失的突发事件,其应对工作坚持统一领导、属地负责,条块结合、协调联动,快速反应、科学处置的原则。

乘客落轨事件应急处理

站台岗站务员突发事件处理

乘客受伤(急病)救助演练

二 应急处理能力

应急处理能力(应急能力),是个人的一种能力,属于潜意识,指当人遇到某件事情的时候,大脑立即根据以往的经验和自我思维来处理这件事情的能力,是属于下意识的反应。

有效处理城市轨道交通运营过程中的突发事件是对个人能力的极大考验。虽然突发事件具有突发性,但应急管理并不是在发生了突发事件之后才开始的,而是在发生危机之前就需要做好各种防备工作。同时,在应对突发事件过程中还涉及应急处置的价值选择,处置的反应速度、方式、依据、体制等。因此,为了提高处置突发事件的有效性,最大限度地预防和减少突发事件及其造成的损害,城市轨道交通员工要认真做好以下几个方面的准备。

1. 提升思想认识

要充分认识到发生运营突发事件时的应对并不仅仅是某个人、某个团队的事,而是需要相关人员团结协作、一起完成的重要任务,保持冷静、理性,快速处置好、应对好突发事件,对于减少各项损失、降低不良影响具有极为重要的意义。

2. 树立危机意识

城市轨道交通运营环境复杂,员工要居安思危,树立危机意识,不断增强辨别处理问题的敏锐性,科学分析各种信息并作出准确判断,见微知著,防患于未然,提高风险防范能力。

3. 强化责任心态

在面对突发事件时要时刻牢记岗位职责、守岗有责、守岗尽责,善于抓住主要矛盾,提高事件处置能力,以一种责任心态、理性心态处置突发事件。

4. 注重应急演练

应急演练是检验应急预案有效性的最好办法,城市轨道交通员工要珍惜参加各种应急演练的机会,在演练中提升应急反应能力和处置能力。

5. 掌握公关技能

城市轨道交通运营突发事件具有社会传播性的特点,且可能发生在各个工作组织环节,事件发生之后,责任单位需要进行相应的合理的危机公关,避免事态无序扩大,舆情恶意发展。公共事件的危机公关管理是一项严谨、复杂又极具挑战性的工作,扎实、专业的公关技能是每个城市轨道交通员工应当认真学习的必修课。

一般来说,危机公关管理需要遵循以下六大原则:

(1)尊重事实原则。

尊重事实就是一切从实际出发,客观看待现实情况,遵循事实发生的逻辑,不辩解,不歪曲,给大众一个如实的交代。

(2)迅速处理原则。

危机公关出现后,最佳的解决时间为危机出现后的 12~24 小时内。若是在负面消息大面积传播时还未进行官方回应,平息舆论将变得十分困难。

(3)主动承担原则。

危机广泛传播时,不能有推卸责任的想法,要有主动承担风险和后果的意识。

(4)真诚沟通原则。

无论什么时候,与公众之间的沟通都十分重要。危机发生后,不能逃避问题,应该主动进行沟通,了解事情的全过程,了解相关人员的心理,基于真诚采取各项措施。

(5)系统运行原则。

面对危机,团队内部要一条心,果断地对事件进行判断,提出解决办法。

(6)权威发布原则。

当危机来临时,可以寻求权威机构的协助,出示一份有效的公告。

————————————————————————— 知识拓展

国家城市轨道交通运营突发事件应急预案

2015 年 4 月 30 日,国务院办公厅以国办函〔2015〕32 号印发《国家城市轨道交通运营突发事件应急预案》(以下简称《预案》)。《预案》分总则、组织指挥体系、监测预警和信息报告、应急响应、后期处置、保障措施、附则 7 部分,由交通运输部负责解释,自印发之日起实施。

依据《中华人民共和国突发事件应对法》,《预案》按照事件严重性和受影响程度,将运营突发事件划分为特别重大、重大、较大、一般 4 个等级,并明确了划分标准和各级响应的责任主体。

学 习 心 得

班级_____ 姓名_____ 学号_____ 小组_____

任务3.6

> **任务实施**

请结合案例,查阅相关资料,谈谈你对危机公关的认识。

成都地铁7·25供电设备故障

2016年7月25日上午,成都地铁1号线全线失电,发生列车晚点事件。在成都市委宣传部、市网信办的大力支持和指导下,成都地铁运营有限公司通过第一时间在官方微博发声、争取媒体支持、发布道歉信、召开新闻通气会等工作,较为有序地开展了本次应急宣传工作,本次事件的宣传处置被新浪网与人民网联合评为全国先进危机公关案例,同时也被浙江大学收录进危机公关先进案例库,对于公共服务部门的危机管理有一定的借鉴意义。

7月25日8:25,成都地铁1号线升仙湖站至火车南站四座牵混所跳闸,造成该区域接触网全部失电,导致1号线列车不同程度晚点。8:30,成都地铁运营有限公司立即启动应急预案,成都地铁公司各级管理人员分赴车站现场、调度指挥中心等处组织开展应急抢险、应急处置、客流疏导、舆论引导等工作,并按要求向成都市委总值班室、成都市政府总值班室,以及成都市委宣传部、市网信办等上级主管部门进行了汇报。

与此同时,成都地铁运营有限公司分别在其官方微博、微信公众号、车站PIS等多种媒体渠道同步发布事件信息,建议乘客换乘其他交通工具,并张贴告示,在全线车站发布致歉信,告知乘客可在车站办理退票服务。8:49,故障排除,运营秩序逐步恢复正常。

本次危机公关管理的基本过程如下:

(1)迅速启动宣传应急预案。

8:30,供电设备发生故障5分钟后,成都地铁运营有限公司迅速启动新闻宣传应急预案,成都地铁运营有限公司各级宣传人员迅速到位。突发事件发生后,成都地铁运营有限公司各级管理人员分别赶赴车站现场、调度指挥中心等全面开展故障排查和线网应急处置工作,并第一时间指导启动宣传工作,确保宣传工作同步启动、同步部署,为顺利开展危机公关奠定了较好的基础。

(2)官方微博及时发布信息。

①及时发声。8:34,成都地铁运营有限公司发布第一条官方微博,告知市民1号线列车发生故障。成都地铁运营有限公司官方微博立即进行转发扩散,并对给市民出行造成的不便表达了歉意。

②滚动发布。成都地铁运营有限公司官方微博发布微博,对事件全过程采取的措施和进展情况进行一一发布,同时对给市民造成的不便发布道歉信和开具延误证明。

(3)协调各大媒体积极转发相关信息。

事件发生后,成都地铁运营有限公司在媒体联系微信群、QQ群第一时间向媒体告知事件情况以及处理方式等信息,争取到中央、省市传统媒体的大力支持,《四川日报》《成都日报》《成都商报》等权威媒体的官方微博均在第一时间以《成都地铁发信感谢乘客配合》《今天,你被成都地铁暖到了吗?》《成都地铁熄火,却被网友疯狂点赞,不是很懂你们成都人》《成都地铁发致歉信》为题进行了报道。此外,成都地铁运营有限公司还积极协调了新华社、人民网、新浪新闻、腾讯新闻、四川发布、成都发布、微成都、成都服务等新闻媒体进行了转发,迅速将故障情况与限流措施告知市民,避免引起市民恐慌和网络谣言的产生,致歉乘客并做好退票解释工作。

(4)召开新闻通气会,进行信息发布。

事件发生后,鉴于媒体对事件的关注,成都地铁运营有限公司新闻发言人于10:50左右接受了成都广播电台的直播连线,于11:50左右召开新闻通气会,接受了四川日报、华西都市报、四川电视台、成都商报、成都电视台等新闻媒体的采访,通过媒体及时告知市民事件进展和应对措施。

任务评价

1. 自我评价

我能做到:
□在平时活动中有安全防范意识
□出现突发事件时不慌张,能有序处理
□掌握危急公关的基本原则

2. 小组评价

我们小组做到了:
□全员参与　　□分工明确　　□学习高效　　□完成任务

3. 教师评价

序号	评价项目	成绩	综合成绩
1	学习准备		
2	知识理解		
3	参与讨论主动性		
4	沟通协调		
5	语言表达		
6	思维拓展		

项目 4

城市轨道交通员工职业素质

项目描述

城市轨道交通行业和科学技术的快速发展,对城市轨道交通行业的服务水平提出更高的要求。对城市轨道交通行业的从业人员开展职业素质建设和提升是一项基础性工作,有利于企业树立正面的社会形象,维护行业信誉,引领和促进行业健康发展。

本项目分三个任务介绍城市轨道交通员工职业素质。学习者通过对第一个任务中城市轨道交通服务的职业形象和职业礼仪的学习,掌握城市轨道交通从业人员的服务礼仪;通过对第二个任务中城市轨道交通员工职业道德、职业意识的学习,掌握城市轨道交通从业人员的必备职业道德;通过对第三个任务中城市轨道交通员工职业态度的学习,了解城市轨道交通从业人员的工作心态。

学习目标

学习目标	目标内容
知识目标	了解城市轨道交通服务的职业形象
	了解城市轨道交通服务的职业礼仪
	了解城市轨道交通行业的职业道德内涵
	了解城市轨道交通行业的从业心态
能力目标	掌握城市轨道交通服务仪表仪容、仪态要求
	提高城市轨道交通服务礼仪修养
	掌握城市轨道交通从业人员的必备职业道德
	掌握城市轨道交通从业人员的必备心态
素质目标	厚植爱国情怀,加强品德修养,培根铸魂,全面发展综合素质
	提升自我认知能力,科学进行职业岗位匹配,扬长补短,德技兼修
	树立新时代发展理念,存道精业,推动城市轨道交通事业高质量发展

建议学时

2 学时。

任务 4.1 注重职业形象和职业礼仪

问题导入

引导问题 1 平时你注重自己的外在形象吗?

引导问题 2 你知道城市轨道交通行业中哪些是服务性岗位吗?

引导问题 3 为什么城市轨道交通行业能代表一个城市的形象?

引导问题 4 城市轨道交通从业人员应具备哪些职业道德?

引导问题 5 你准备好成为一名城市轨道交通员工了吗?

任务分组

建议学习者组建学习小组,制订学习计划,共同完成"任务实施"中的题目。

姓名	学号	分工	角色	学习计划

知识储备

一 职业形象

形象就是人们通过视觉、听觉、触觉、味觉等各种感觉器官在大脑中形成的关于某种事物的整体印象,简言之,就是知觉,即各种感觉的再现。

职业形象具体包括外在形象、品德修养、专业能力和知识结构四大方面,它是通过衣着打扮、言谈举止反映出的专业态度、技术和技能等。

城市轨道交通一线工作员工面向乘客直接提供的客运服务,是运营企业专业化水平的重要体现,蕴含着企业文化,折射出企业的形象,员工的穿着打扮、一言一行都体现企业的专业水准,也体现所提供服务的专业水平,不容忽视。

1. 仪表仪容

仪表仪容指人的外表和容貌,包括容貌、姿态、风度及个人卫生等方面,是一个人精神面貌的外观体现。由于人的形象是内在气质和外在形象的结合,仪表对人的形象起到自我标识、修饰弥补和包装外表的作用。如果把思想感情、性格品质、心理状态、道德情操、文化修养看作人的内在美的话,那么包括仪容、表情、姿态等因素在内的仪表则是人的外在美。

讲究仪表仪容体现了对他人、对社会的尊重,表现了一个人的精神状态和文明程度,也表现了服务人员对工作的热爱和对客人的热情。

清洁卫生是仪表整洁和仪容美的关键,是礼仪的基本要求。每个人都应该养成良好的卫生习惯。

城市轨道交通服务仪表仪容总体要求为:整洁卫生、打扮得体、强调和谐、注重修养、自然大方、体现个性。其基本规范如下:

仪容:身体各部位,尤其是口腔的清洁;

服装:展现职业特点,突显本单位特色;

妆饰:化淡妆,适当合理地选择配饰。

城市轨道交通服务人员要自觉维护企业信誉和自身形象,严格执行企业对职业形象的各项规定。某城市轨道交通企业客运服务人员仪容仪表的要求和禁忌如表 4-1 所示。

正装穿着规范(女)

化淡妆的步骤

城市轨道交通客运服务人员仪容修饰要求(男)

某城市轨道交通企业客运服务人员仪容仪表的要求和禁忌　　表 4-1

分类	基本要求	禁忌
发型	(1)整齐利落、清洁清爽; (2)发长过肩的女性必须将头发束起,最好佩戴有发网的头饰,将头发挽于发网内,头花端正; (3)男性要剪短发,具体要求为前发不附额,侧发不掩耳,后发不及领; (4)女性戴帽子时,应将刘海放入帽子内侧,帽徽应朝正前方,不得歪戴	(1)头发凌乱,染发过于明显、夸张; (2)留怪异发型; (3)女性长发遮挡脸部; (4)男性留长发、鬓角遮挡耳部
面容	(1)女性上岗应着淡妆,保持清洁的仪容,避免使用味道浓烈的化妆品; (2)男性应保持面部清洁,不可留胡须; (3)适时保持亲切的笑容	(1)浓妆或怪异妆; (2)工作时化妆; (3)使用味道浓烈的化妆品; (4)男性留胡须
口腔	(1)保持牙齿、口腔清洁; (2)定期除掉牙齿上的尼古丁痕迹; (3)去除吸烟过多引起的口腔异味	工作前食用葱、蒜、韭菜等带有刺激性气味的食物

续上表

分类	基本要求	禁忌
指甲	(1)时刻保持指甲干净、整齐,经常修剪; (2)只可涂肉色和透明色指甲油	(1)指甲过长; (2)使用指甲装饰品
配饰	(1)可以佩戴的饰品有风格简约的手表、婚戒(戒指不可过宽)、一对耳钉(女性); (2)佩戴纯色镜架和无色镜片眼镜; (3)饰品应自然大方,不可过度明显、夸张	(1)佩戴过分夸张和闪耀的饰物; (2)男性佩戴耳部饰物
制服	(1)干净无褶皱; (2)领口、袖口要保持整洁干净,衬衫下摆放在裤子里侧; (3)裤袋限放工作证等扁平物品或体积微小的操作工具,避免服装变形; (4)季节更替时,应按规定更换制服,不得擅自更换	(1)制服上有异味或污渍; (2)在套装和衬衫的胸袋内放入钱包、硬币等物品; (3)缺扣、立领、挽袖、挽裤
鞋袜	(1)穿着制服时应按规定穿黑色或深色的皮鞋,鞋面保持干净,黑色皮鞋配深色袜; (2)女性着裙装时,长袜颜色应选择与肌肤颜色相贴近的自然色或暗色系中的浅色丝袜; (3)皮鞋应定期清洁,保持干净、光亮	(1)穿极度磨损的鞋及露脚趾、脚跟的鞋; (2)穿图案过多的袜和浅色袜子
工牌	(1)挂绳式工号牌的照片和字面应朝向乘客,工号牌绳放在制服外侧; (2)非挂绳式工号牌应佩戴在制服左上侧兜口的正上方位置,工号牌左下角应抵住西服兜口边缘,并与地面保持水平	(1)工号牌上有装饰物; (2)工号牌有损坏; (3)工号牌上的名字模糊、褪色

> 职业实践

新员工入职第一天

小丽是某地铁站的一名站务员。第一天上班时,小丽为了给乘客和同事留下一个好印象,精心打扮了一番。

小丽到达车站后,车站突然下起了暴雨,导致客流量较大。小丽就和同事用铁马分隔客流,并来回跑动疏散客流。一番紧张的工作后,小丽已汗流浃背,妆容斑驳。小丽看表发现离休息时间只有1个小时,就懒得去更换制服和补妆。这时,小丽看见一位乘客不会使用自动售票机,便主动上前去引导。当小丽来到乘客身边问:"您好!请问有什么可以帮助您?"乘客很诧异地看着小丽,并保持了一段距离问道:"你是车站服务人员吗?我还以为是车站保洁员呢!你不用帮我了,我再问问别的服务人员吧!"小丽听了之后很难过,匆匆忙忙跟乘客道别后,对着镜子照了一下,看到自己满头大汗、眼妆已花,还闻到衣服上有浓浓的汗味,这才意识到自己的形象不佳,给乘客留下了很不好的印象。

2. 仪态

仪态指人们在交流活动中的举止表现出的姿态和风度。最受乘客欢迎的服务人员不是长得最漂亮的,而是仪态最佳的。因此,每个员工都要站有站姿,坐有坐相,举止端庄稳重,落落大方,自然优美。

城市轨道交通服务仪态总体要求为:微笑的面容、真诚的表情、挺直的身板、均衡的肢体、灵巧的动作,主要体现在站姿、坐姿、蹲姿、行姿等方面。

1)站姿

(1)基本要领。

①头正,颈挺直;双肩展开下沉;身体有向上的感觉。

②收腹挺胸、立腰、提臀。

③两腿并拢,膝盖挺直,小腿往后发力,身体的重心落在前脚掌。

④女士手指四指并拢,虎口张开,双臂自然放松,将右手搭在左手上,拇指交叉,体现女性线条的流畅美。脚跟并拢,脚尖分开呈 V 字形。

⑤男士可将两脚分开与肩同宽,也可呈 V 字形,双臂自然下垂,塑造男性的轮廓美。

⑥站立时应保持微笑。

(2)禁忌。

①站立时,东倒西歪,无精打采,懒散地倚靠在墙上、桌子旁。

②低着头、歪着脖子、含胸、端肩、驼背。

③将身体的重心明显地移到一侧,只用一条腿支撑身体。

④身体下意识地做小动作。

⑤在正式场合,将手叉在裤袋里面,或双手交叉抱在胸前,或双手叉腰。

⑥男子双脚左右开立时,两脚之间的距离过大,挺腹翘臀。

⑦两腿交叉站立。

2)坐姿

坐姿是指臀部置于椅子、凳子、沙发等物体上,单脚或双脚放在地上的姿势。它是一种静态的仪态造型,是常用的姿势之一。不同的坐姿传达不同的意义和情感,优雅的坐姿传递着自信、友好、热情的信息,同时也显示出高雅庄重的良好风范。

(1)基本要领。

①上半身挺直,两肩放松,下巴向内微收,脖子挺直,挺胸收腹,使背部和臀部成直角。

②两臂自然贴身,两手随意放在腿上,大腿与小腿之间成直角,小腿与地面垂直,两脚平落地面。

③两膝间的距离,男士以不超过肩宽为宜,女士则应紧闭。

站姿基本要求及禁忌

坐姿基本要求及禁忌

④在工作场合、正式社交场合、有尊长在场的场合,要"正襟危坐",臀部只坐到椅子的2/3处。

(2)禁忌。

①侧肩、耸肩、上身不正。

②含胸或过于挺胸。

③双臂交叉抱于胸前,双手抱于腿上或夹在腿间。

④趴伏于桌面,背部拱起。

⑤跷二郎腿,叉开过大,腿部伸出过长。

⑥脚步抖动,蹬踏他物,脚尖指向他人。

3)蹲姿

(1)基本要领。

①下蹲拾物时,应自然、得体、大方,不遮遮掩掩。

②下蹲时,两腿合力支撑身体,避免滑倒。

③下蹲时,应使头、胸、膝关节在一个角度上,使蹲姿优美。

④女士无论采用哪种蹲姿,都要将腿靠紧,臀部向下。

⑤下蹲时注意内衣"不可以露,不可以透"。

(2)禁忌。

①突然下蹲。蹲下来时不要速度过快。当自己在行进中需要下蹲时,要特别注意这一点。

②离人太近。在下蹲时,应和身边的人保持一定距离。和他人同时下蹲时,更不能忽略双方的距离,以防彼此"迎头相撞"或产生其他误会。

③方位失当。在他人身边下蹲时,最好是和他人侧身相向。正面他人或者背对他人下蹲,通常都是不礼貌的。

④下身暴露。在大庭广众面前,尤其是身着裙装的女士,一定要避免下身暴露的情况,特别要防止大腿叉开。

⑤蹲在凳子或椅子上。有些人有蹲在凳子或椅子上的生活习惯,但是在公共场合这样的行为是不能被接受的。

4)行姿

(1)基本要领。

①规范的行姿首先要以端正的站姿为基础。

②双肩应平稳,以肩关节为轴,双臂前后自然摆动。

③上身挺直,头正、挺胸、收腹、立腰,重心稍向前倾。

④注意步位。脚尖略开,起步时,身体微向前倾,两脚内侧落地;不要将重心停留在后脚,注意在前脚着地和后脚离地时要伸直膝部。

⑤步幅适当。一般前脚的脚跟与后脚的脚尖应相距一脚长左右的距离,步伐稳健,步履自然,要有节奏感,保持一定的速度。但因性别、身高、服饰不同,步幅也有一定的差异。一般情况下,每分钟应行走110步。当然,主要取决于工作

的场合和岗位。行姿在整体上要给人以步态轻盈敏捷、有节奏的感觉。

（2）禁忌。

①夹着手臂走动,只摆动小臂。

②抬脚,蹭着地走,女士叉开腿走路。

③耷拉眼皮或低着头走。

④在工作场合,边走边吃东西,手插在口袋中、双臂相抱、倒背双手;未根据场地及时调整脚步的轻重缓急,把地板踩得"咚咚"作响。

知识拓展

首因效应

首因效应被称为首次效应、优先效应、第一印象效应,是美国心理学家洛钦斯首先提出的概念,指交往双方形成的第一次印象对今后交往关系的影响,也可以说是"先入为主"带来的效应。

正是由于存在首因效应,在职业活动中,初次见面一定要注意个人的职业形象。三国时期,庞统准备效力东吴,于是去面见孙权。孙权见庞统相貌丑陋、傲慢不羁,于是无论鲁肃怎么相劝,孙权最后还是将这位与诸葛亮齐名的奇才拒之门外。

二 服务礼仪

1. 礼仪与服务礼仪

礼仪是一种典章、制度,包括人的仪表、仪态、礼节等,用以规范人的行为、举止及调整人与人之间的关系。礼仪是个人的内在修养和素质的外在表现,员工的礼仪修养能展示出企业的文明程度、管理风格、道德水准,从而塑造良好的企业形象,为企业带来巨大的社会效益和经济效益。

服务礼仪是各服务行业人员必备的素质和基本条件。出于对客人的尊重与友好,在服务中要注重仪表、仪容、仪态和语言、操作的规范;热情服务则要求服务人员带着发自内心的热忱向客人提供主动、周到的服务,从而表现出服务人员的良好风度与素养。孔子说:"礼者,敬人也。"这是对礼仪的核心思想的高度概括。

2. 城市轨道交通礼仪修养

（1）优美典雅的站姿。

（2）文雅端庄的坐姿。

（3）美观大方的蹲姿。

（4）流畅稳健的行姿。

（5）温和可亲的语言。

（6）热情礼貌的举止。

（7）亲善友好的神情。

> 知识拓展

华夏中国,礼仪之邦

中国是传承千年的礼仪之邦,正所谓礼仪之大谓之夏,声名远扬。相传在3000多年前,周公制礼作乐,提出了礼治的纲领。其后经过孔子、孟子、荀子等人的提倡和完善,礼乐文明成为儒家文化的核心。西汉以后,作为礼乐文化的理论形态和上古礼制的渊薮,《仪礼》《周礼》《礼记》先后被列入学官,不仅成为古代文人必读的经典,而且成为历代王朝制礼的基础,对中国文化和历史的影响之深远,自不待言。随着东亚儒家文化圈的形成,礼乐文化自然成了东方文明的重要特色。毋庸置疑,要了解中国传统文化,就必须了解中国礼仪文化。

从东汉许慎的《说文解字》中可以看出,礼是行动的准则,礼是践履,是一种行动,说明历来人们就把礼当作他们的行为规范。古代所谓礼仪,包括的内容和形式非常广泛,诸如政治体制、朝廷法典、学校科举、军队征战、行政区域划分、房舍陵墓营造,乃至衣食住行、婚丧嫁娶、言谈举止等,无不与礼仪有关,它是一个几乎囊括了国家政治、经济、军事、文化一切典章制度以及个人的伦理道德修养、行为准则规范的庞大的概念。直到近代,礼仪的范畴才逐渐缩小,现在则一般只有礼节和仪式的意思。流传下来的十种礼仪动作:拱手礼、一拜礼、两拜礼、三拜礼、叩首礼、执手礼、推手礼、交手礼、揖礼、鞠躬礼。我国传统文化中礼仪规范常被视作人生之本、立业之基,中国礼仪文化以其平和、中正的特征对中华民族有着巨大的作用,也带给世界深远的影响。

(摘编自光明网,2021年12月15日)

3. 城市轨道交通服务常用的礼仪

(1)握手。

握手是日常工作中最常使用的礼节之一。握手时,伸手的先后顺序是上级在先、主人在先、长者在先、女性在先,握手时间一般在2~5秒之间为宜,握手力度不宜毫无力度或用力过猛,要注视对方并面带微笑。

握手切忌漫不经心、软弱无力,或乱用蛮力、过长时间交叉握手,或与第三者交谈、目视他人。手部湿冷,需处理后再握手,不能戴手套握手。

(2)鞠躬。

鞠躬时应从心底发出向对方表示感谢和尊重的意念,从而体现在行动上,给对方留下诚恳、真实的印象。

鞠躬的场合与要求为:遇到客人、表示感谢或回礼时,行15°鞠躬礼;遇到尊贵客人来访时,行30°鞠躬礼。行礼时面对客人,并拢双脚,视线由对方脸上落至自己的脚前1.5米处(15°礼)或脚前1米处(30°礼)。男性双手放在身体两侧,女性双手合起放在身体前面,鞠躬时切忌"太随意"。

见面礼仪

(3)致意。

致意指向他人表示问候的心意,由礼节、行为举止表现出来。通常为迎送、被别人引见、拜访时所必施的礼节。礼貌的致意会给人一种友好愉快的感觉。

引导礼仪

(4)引路。

在走廊引路时,应走在客人左前方的两三步处;自己走在走廊左侧,让客人走在走廊中央;与客人的步伐保持一致,并适当作些介绍。在楼梯间引路时,让客人走在正方向(右侧),自己走在左侧。遇拐弯或有楼梯、台阶的地方应使用手势,并提醒客人"这边请"或"注意楼梯"等。引导乘客时,应走在乘客一两步之前,让乘客走中央,自己则尽量走在过道的一边,五指并拢、手心微斜、指出方向。

(5)语言。

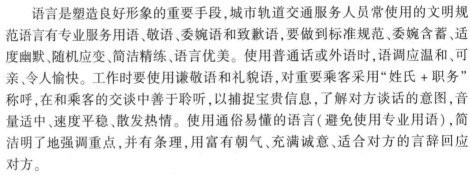

交谈礼仪

电话礼仪

语言是塑造良好形象的重要手段,城市轨道交通服务人员常使用的文明规范语言有专业服务用语、敬语、委婉语和致歉语,要做到标准规范、委婉含蓄、适度幽默、随机应变、简洁精练、语言优美。使用普通话或外语时,语调应温和、可亲、令人愉快。工作时要使用谦敬语和礼貌语,对重要乘客采用"姓氏+职务"称呼,在和乘客的交谈中善于聆听,以捕捉宝贵信息,了解对方谈话的意图,音量适中、速度平稳、散发热情。使用通俗易懂的语言(避免使用专业用语),简洁明了地强调重点,并有条理,用富有朝气、充满诚意、适合对方的言辞回应对方。

需要注意的是,城市轨道交通服务人员在与乘客交流时,应礼貌用语,避免出现如下情况:

①说错字、别字。与乘客交流时说错字、别字会给人一种素质低下、工作能力不强的感觉。

②说不礼貌的语言。在与乘客的交流中禁止说粗话、脏话等不礼貌的语言。

③说容易引起乘客不快的语言。城市轨道交通服务人员在工作中如果遇到矛盾冲突,要冷静处置,说一些谅解的语言,避免说一些指责的话。

应答询问时,思想要集中,应答乘客提问时语言简洁、准确,语气委婉。应答多位乘客时根据先后顺序、轻重缓急原则——作答。

手势是人们交往时不可缺少的动作,是最有表现力的"体态语言",使用适当的手势,可以加重语气,增加感染力。

▷ 知识拓展

敬语的使用

敬语,特别是常用敬语,主要在以下几个场合使用:

(1)相见道好。人们彼此相见时,开口问候"您好""早上好"。在这种情况下,一声问候至少向对方传达了三个意思:表示尊重、显示亲切、给予友情。同时显示了自己的三个特点:有教养、有风度、有礼貌。

(2)偏劳道谢。在对方给予帮助、支持、关照、尊重、夸奖之后,最简洁、及时而有效的回应就是由衷地说一声"谢谢"。

(3)托事道请。有求于他人时,言语中冠以"请"字,会赢得对方的理解和支持。

(4)失礼致歉。现代社会,人际接触日益频繁,一个人无论多么谨慎,也难免有失礼于人的时候。倘若在这类事情发生之后能及时、真诚地说一声"对不起""打扰您了",就会使对方趋怒的情绪得到缓解。

生活中还有许多敬语可展现一个人的素质和修养。例如,拜托语言有"请多关照""承蒙关照""拜托"等;慰问语言有"辛苦了""您受累了"等;赞赏语言有"太好了""你真棒"等;同情语言有"真难为你了""您太辛苦了"等;挂念语言有"你现在还好吗""生活愉快吗"等。

> 知识拓展

常用的服务用语

(1)十字文明用语:您好、请、对不起、谢谢、再见。

(2)欢迎语:欢迎您乘坐地铁。

(3)问候语:先生/女士,您好。

(4)告别语:再见,欢迎您下次乘坐。

(5)征询语:您好,请问有什么可以帮您?您还有别的事情吗?请您慢些讲。我没听清您的话,您能再说一遍吗?

(6)应答语:不必客气,没关系,愿意为您服务,这是我们应该做的,我明白了,好的,是的,非常感谢。

(7)道歉语:实在对不起,请原谅,请不要介意,让您久等了,谢谢您的提醒。

服务用语要求

---

(6)表情。

表情是仅次于语言的一种交际手段。在人千变万化的表情中,眼神和微笑最具有表现力。城市轨道交通服务人员在和乘客打交道时,面部表情的基本要求是热情、友好、真诚、稳重、和蔼。城市轨道交通服务人员在与乘客交谈时,表情要大方、自然,态度要诚恳,面带微笑,语气亲切,切忌边埋头工作边与乘客交谈。

(7)态度。

态度决定品质。城市轨道交通服务人员在服务过程中,对乘客提出的要求,能做到的情况下应尽量满足;不能做到的,应耐心解释,不能怠慢。应允乘客的事情一定要做到,不能言而无信。如无意碰撞或影响了乘客,应及时表示歉意,取得对方谅解,送走乘客时还应再次道歉。对不耐烦的乘客也要耐心、热情,绝不能发生口角。对举止不端的乘客,要沉着冷静,态度不能粗暴或盛气凌人,必要时可报告值班站长或站长。

学 习 心 得

项目4　城市轨道交通员工职业素质

班级_____　姓名_____　学号_____　小组_____

任务4.1

☑ **任务实施**

1.城市轨道交通"十字文明用语"的内容是什么？三人一组，使用地铁文明服务用语和专业服务用语，创设一个地铁车站服务场景。

2.某日，在某地铁车站，工作人员两次看见一名拾荒人员在地铁里拾荒，于是上前制止："以后不允许在车站进行拾荒。"由于拾荒人员对该工作人员的态度非常不满，便在车站内寻衅滋事，声称车站的工作人员砸了他的饭碗，然后就坐在站台边上……如果你是在场的地铁工作人员，你该如何处理？

任务评价

1. 自我评价
我能做到：
☐在日常生活中正确地使用敬语
☐知道常用的礼仪标准
☐在与他人交流的过程中规避人际交往的禁忌

2. 小组评价
我们小组做到了：
☐全员参与　☐分工明确　☐学习高效　☐完成任务

3. 教师评价

序号	评价项目	成绩	综合成绩
1	学习准备		
2	知识理解		
3	参与讨论主动性		
4	沟通协调		
5	语言表达		
6	思维拓展		

任务4.2 具备职业道德和职业意识

问题导入

引导问题1 城市轨道交通行业需要的职业道德是什么？

引导问题2 是不是在工作上不出错就是爱岗敬业？

引导问题3 你认为什么是办事公道？

引导问题4 在乘客自主性很高的场景中工作，热心服务要怎么做？

任务分组

建议学习者组建学习小组，制订学习计划，共同完成"任务实施"中的题目。

姓名	学号	分工	角色	学习计划

知识储备

一、职业道德

1. 定义

"道"是指自然运行与人世共通的真理，"德"是指人世的德行、品行、王道。道德是一种社会意识形态，是人们共同生活及其行为的准则和规范。不同的时代、不同的阶级有不同的道德观念，没有任何一种道德是永恒不变的。

中国传统的道德观念主要包括：四维，即礼、义、廉、耻；五常，即仁、义、礼、智、信；四字，即忠、孝、节、义；八德，即孝、悌、忠、信、礼、义、廉、耻。

职业道德是一般社会道德在职业生活中的具体体现，有广义和狭义之分。广义的职业道德是指从业人员在职业活动中应该遵循的行为准则，涵盖了从业人员与服务对象、职业与职工、职业与职业之间的关系。狭义的职业道德是

道德和职业道德的内涵

指在一定职业活动中应遵循的、体现一定职业特征的、调整一定职业关系的职业行为准则和规范。不同的职业人员在特定的职业活动中形成了特殊的职业关系,包括职业主体与职业服务对象之间的关系、职业团体之间的关系、同一职业团体内部人与人之间的关系,以及职业劳动者、职业团体与国家之间的关系。

2. 特征

(1)职业性。职业道德的内容与职业实践活动紧密相连,反映着特定职业活动对从业人员行为的道德要求。每一种职业道德都只能规范本行业从业人员的职业行为,在特定的职业范围内发挥作用。

(2)实践性。职业行为过程就是职业实践过程,只有在实践过程中,才能体现出职业道德的水准。职业道德的作用是调整职业关系,对从业人员职业活动的具体行为进行规范,解决现实生活中的具体道德冲突。

(3)继承性。在长期实践过程中形成的职业道德,会作为经验和传统被继承下来。即使在不同的社会经济发展阶段,同样一种职业因服务对象、服务手段、职业利益、职业责任和义务相对稳定,职业行为的道德要求的核心内容也会被继承和发扬,从而形成被不同社会发展阶段普遍认同的职业道德规范。

(4)多样性。不同的行业和不同的职业,有不同的职业道德标准。

3. 基本内容

职业道德的宗旨和规范

各种职业道德规范,是人们在长期职业活动中总结、概括、提炼出来的。一方面,鼓励人们理智地做那些为了达到某种工作目标而必须要做到的工作行为,即应该积极主动地干什么;另一方面,制止那些为了达到某种工作目标必须禁止的工作行为,约束人们不能干什么。

由于各行各业的职业活动内容和职业特征不同,不同职业的职业道德内容不尽相同。尽管如此,各种不同职业的职业道德仍有其共同的基本内容。城市轨道交通职业同其他行业的职业一样,需要遵守社会对职业活动普遍要求的基本职业道德。

我国《公民道德建设实施纲要》指出:职业道德是所有从业人员在职业活动中应该遵循的行为准则,涵盖了从业人员与服务对象、职业与职工、职业与职业之间的关系。随着现代社会分工的发展和专业化程度的增强,市场竞争日趋激烈,整个社会对从业人员职业观念、职业态度、职业技能、职业纪律和职业作风的要求越来越高。要大力倡导以爱岗敬业、诚实守信、办事公道、服务群众、奉献社会为主要内容的职业道德,鼓励人们在工作中做一个好建设者。

(1)爱岗敬业。

爱岗,就是热爱自己的本职工作,忠于职守,对本职工作尽心尽力。敬业,就是敬重自己的工作,将工作当成自己的事,具体表现为忠于职守、尽职尽责、认真负责、一丝不苟、一心一意、任劳任怨、精益求精、善始善终。敬业并不仅仅有利于企业,其真正的最大受益者是自己。一旦养成对事业高度的责任感和忠诚感,会让自己成为一个值得信赖的、可以被委以重任的人。如果一个人在做普通员工时缺乏忠诚敬业的态度,必将影响其今后的职业发展。不敬业的三种典型表现为:第一,不求有功,但求无过。做事情总是不主动,从不多做一点,认为多做就有可能多出错,干脆少做事或不做事。第二,三心二意、敷衍了事。表现为上班无精打采、心不在焉。第三,明哲保身、怕担责任。做的工作越多,意味着担负的责任越重,故在工作过程中能不管就不管,能推则推。

——————————————————————— 职业实践

频繁跳槽于事无补

小张毕业于名牌大学的现代企业管理专业,毕业后十年间先后在五家大公司工作过。后来他找工作,没有公司愿意招聘他。某家公司人力资源部门的招聘主管说:"我们对这个人的经验和学历都很感兴趣,可根据他的记录,我们不相信他会是一个忠诚的职员。"

某世界五百强企业的招聘负责人在接受记者采访时坦言,很多五百强企业需要大量技术开发人才和企业中高层管理人才,这些研发、销售和管理岗位并不需要最聪明的人,而需要勤勉、愿定下心来干好一件事的人。"公司花大量时间和资金培训新人,但有的新人这山看着那山高,往往没在岗位上干熟,就想着往外蹦,这是公司最忌讳的。"

(2)诚实守信。

诚实守信是为人处世的基本准则,是一个人能在社会中安身立命之根本。诚实守信也是一个企业、事业单位行为的基本准则。企业若不能诚实守信,它的经营则难以持久。诚实守信也是社会公民的职业道德之一,每一位公民、每个企业主、每个经营者,都要遵守这一基本准则。

孔子曰:"人而无信,不知其可也。"孔子认为人若不讲信用,在社会上就无立足之地,什么事情也做不成。诚实守信既是中华民族传统美德的一个重要规范,也是传统道德的一个重要内容。随着时代的不断发展和变化,诚实守信也被赋予了体现时代精神的新内涵。诚实即忠诚老实,就是忠于事物的本来面貌,不隐瞒自己的真实思想,不掩饰自己的真实感情。守信,就是信守承诺,忠实履行义务。

——————————————————————— 知识拓展

先贤论"诚信"

诚信是中华民族的传统美德之一。无论在过去还是现在,诚信都是立人之本,对于建设人类社会文明极为重要。下面摘录一些名人先贤关于诚信的名言。

- 老子:"信言不美,美言不信。"

释义:诚信之言不华美,华美之言不信实,因为诚信之言是质朴无华的。

- 孔子:"信近于义,言可复也。"

释义:强调人讲信用要符合"义",只有符合"义"的话才能实行。

- 孟子:"诚者,天之道也;思诚者,人之道也。"

释义:"诚"是天的运行规律,诚信之道是做人的道理。

- 荀子:"耻不信,不耻不见信。"

释义:耻于自己没有"信"德而不耻于不被别人信任。

- 刘安:"人先信而后求能。"

释义:人应当先看他是否讲信用,然后再论及他的能力。说明"信"重于"能"。

- 诸葛亮:"勿恃功能而失信。"

释义:不要仗恃有功劳、有才能就失信于人。

- 王通:"推之以诚,则不言而信。"

释义:只要能够推心置腹,以诚相待,不用言说也会相互信任。

- 程颐:"诚则信矣,信则诚矣。"

释义:诚实就会有信誉,讲信誉就是诚实。可见"诚"与"信"是相通的。

- 朱熹:"诚者真实无妄之谓。"

释义:诚信就是真实而无虚假。

- 曹端:"一诚足以消万伪。"

释义:一个诚实的行为足以消解千万种虚伪。

(3)办事公道。

办事公道是很多行业、岗位必须遵守的职业道德,是指以国家法律、法规、各种纪律、规章和公共道德准则为标准,秉公办事,公平、公正地处理问题。其主要内容为:第一,秉公执法,不徇私情,坚持"法律面前,人人平等"的原则,正确处理执法中的各种问题;第二,在体育比赛和劳动竞赛的裁决中,提倡公平竞争,不偏袒、无私心,作出公平、公正的裁决;第三,在政府公务活动中对群众一视同仁,不论职位高低、关系亲疏,一律端正态度热情服务,一律照章办事,不搞拉关系、走后门那一套;第四,在服务行业的工作中做到诚信无欺、买卖公平。秤平尺足,不能以劣充优、以次充好。

> 知识拓展

公 道 杯

公道杯(图4-1),传为明太祖朱元璋所命名。此杯甚为公道,只可浅平,不可过满。喻示世人办事处世必须讲究公道,不可贪得无厌。

图4-1 公道杯

> 故事阅读

祁黄羊荐官

晋平公在位时,一次,某县缺少一位县令。于是,平公问大夫祁黄羊,谁担任这个职务合适。祁黄羊回答说:"解狐可以。"平公听了很惊讶,说:"解狐不正是你的仇人吗?你怎么推荐仇人呢?"祁黄羊答道:"您是问我谁担任县令这一职务合适,并没有问谁是我的仇人。"

于是,平公派解狐去任职。果然不出祁黄羊所料,解狐任职后为民众做了许多实事、好事,受到了民众的拥护。

(4)服务群众。

服务群众是为人民服务的道德要求在职业道德中的具体体现,其主要内容为:第一,树立全心全意为人民服务的理念,热爱本职工作,甘当人民的勤务员;第二,文明待客,对群众热情和蔼,服务周到,说话和气,急群众之所急,想群众之所想,帮群众之所需;第三,自觉接受群众监督,欢迎群众批评,有错就改,不护短,不包庇,不断提高服务水平。

其内涵要求为:第一,一切从群众的利益出发;第二,要把服务群众作为职业目的;第三,把群众的利益得失作为判断是非的标准;第四,热爱群众,服务群众,关心群众。

> 职业现场

地铁里的"金牌服务"

某地铁车站站厅工作人员小陈在巡视时发现一位老人靠着站厅立柱喘气,立即上前询问情况。原来,老人独自一人出门,突然全身无力难以行走,家中只有同样年近八旬的老伴,无法立即赶来接他。小陈一边扶着老人,一边报告值班站长小余。

得知情况后,小余立即放下手中的工作来到站厅,扶着老人稍作休息后,提出背他出站,并帮他叫出租车回家。老人拒绝说:"不要紧,我缓缓就好了,我可以自己回去。"

小余搀着老人刷卡出站,看老人很吃力的样子,直接蹲下来说:"爷爷,我背您,请您把手放在我的肩上。"于是一口气将老人背出地铁站,直至拦到出租车。他把老人扶上车,待老人坐稳后,跟出租车司机反复交代老人的详细情况,提前支付了车费、留下司机的联系方式和车牌号码,目送老人离开。20分钟后,小余估算老人应该到家了,便与出租车司机联系,得知老人已经安全到家才彻底放心。

事后老人对小余和小陈的亲切帮助和关怀表示十分感激,称赞他们为自己提供了"金牌服务"。

> 经验教训

不灵活的处理

2021年3月10日,乘客反映在某城市轨道交通车站进站时,因携带两个大箱子,下楼梯不方便,于是询问站务员:"可否将二楼到一楼的电梯向下开?"站务员回答:"不行,我们有规定,我也没办法。"乘客不得不吃力地把箱子从楼梯上搬下去,站务员却只是在旁边看着他搬东西。

案例评述:

作为服务性行业一员,不仅要做好服务,更要诚心服务,对于乘客提出的要求,应尽可能提供帮助。本案例中,电梯由于客流组织的要求向上开,不可能为了个别乘客的便利而改变,但站务员应当向乘客做好解释工作并取得乘客谅解。可以采取的措施有:

(1) 向乘客说明电梯使用的有关规定,并取得对方谅解。

(2) 可将乘客的要求交由当班站长妥善处理。

(3) 在无法改变电梯走向的前提下应热情地帮助乘客搬行李,让他感受到服务的诚意,用优质的服务来打动乘客。

(5) 奉献社会。

奉献社会是社会主义职业道德的最高要求,是为人民服务和集体主义精神的最好体现,是积极自觉地为社会做贡献。奉献,就是不论从事任何职业,从业人员不是为了个人,而是为了有益于国家和社会。

第一,立足本职,尽职尽责。奉献社会不仅要有明确信念,而且要有崇高的行动。奉献是一种精神,只有把这种精神落实到行动上,躬行实践,才能做出有益于社会和他人的奉献。伟大出于平凡,尽职尽责看似简单,要做好却很难。尤其是十几年如一日地尽职尽责,更是难上加难。

第二,要树立正确的义利观。"义"即道义,是指人们的思想和行为符合一定的道德标准或原则;"利"即功利,是指人们的各种利益,特别是物质利益。我们要坚持义利统一观。首先,肯定物质利益的作用。其次,反对见利忘义、唯利是图。最后,把国家、集体利益放在首位。

第三,关心社会公益事业,为社会公益事业贡献一份力量。奉献社会不只是一句口头禅,应该落实到行动上。当别人有困难的时候,我们能伸出援助之手,帮困难者渡过难关;当祖国和人民需要我们的时候,我们能挺身而出,甘愿为祖国、为人民献身。

知识拓展

国际志愿者日

联合国第40届代表大会通过40/212号决议,从1986年起每年的12月5日为"国际志愿者日"。如今已有包括中国在内的100多个国家在这一天集中开展志愿服务活动,"国际志愿者日"作为国际志愿服务活动的重要标志已经深入人心。全世界志愿者数量已经达到3亿~5亿人,每年工作时间累计超过150亿小时。

故事阅读

"上海地铁之父"刘建航的奉献人生

地铁建设是现代交通飞速发展的一个重要标志,是国家现代化进程的重要助推器。上海地铁用20多年的时间,走过了西方地铁100年的发展历程,成为国内地铁的"代言人"。最高峰的时候,上海地铁建设呈现了100台盾构齐头并进、100座车站同时建设、100千米新线同时投运的盛况,这在世界地铁史上是绝无仅有的奇迹。这个奇迹的主要缔造者,就是被誉为"上海地铁之父"的刘建航院士。

刘建航院士是一位求真务实、坚毅攻坚、锐意创新的老专家,他不迷信国外专家的"在上海这样的地质条件下建造地铁,难度无异于在宇宙中找到支点撬动地球"的"权威"论调,而是带领团队在浦东塘桥的农田里做了直径4.2米的盾构,推了100多米的隧道,取得了4.2米盾构法隧道实验的成功。进而又将其成功应用于总长1332米的市区地铁试验隧道和黄浦江越江隧道的建设,开拓出一条在饱和软弱土层的盾构法隧道中采用单层拼装式钢筋混凝土衬砌的新路,开创了世界先例,圆满完成了被外国专家称为"在豆腐里打洞"的、不可能完成的任务。

如今,上海地铁运营线路的总长度达到了800多千米,日均客流量也达到了千万人次以上。我们不能也不会忘记,在上海的软土地层下,正是我国地下工程的先行者、开拓者之一的刘建航院士奉献了自己的一生,才换来了上海地铁非凡卓越的成就。

(摘编自上海交通大学微信公众号,2016年8月3日)

二 职业意识

1. 概念和分类

意识是人对于客观物质世界的反映,是感觉、感知或思维等各种心理过程的总和。马克思主义辩证法告诉我们:意识决定行动,行动是意识的反映。因此了解意识、培养意识对于进一步指导行动十分关键。职业意识是人们对职业劳动的认识、评价、情感和态度等心理成分的综合反映,是支配和调控全部职业行为和职业活动的调节器。一般来说,职业意识分为社会意识、发展意识和价值意识三个方面。

(1) 社会意识。

社会意识是指对职业的社会意义和地位的认识。从社会角度看,职业是人们在社会中所从事的作为谋生手段的工作,是劳动者获得社会角色、声誉和地位,为社会承担一定的义务和责任,并获得相应的报酬的一种活动。职业是参与社会分工,利用专门的知识和技能,创造物质财富、精神财富,获得合理报酬,满足物质生活、精神生活的工作,让人实现社会价值。比如医生能够解除病患的痛苦;公交驾驶员让其他人有了通行的便利;国家工作人员为工作对象提供办事服务等。每一种职业,都实现了其社会价值。

(2) 发展意识。

发展是事物不断前进的过程,是由小到大、由简到繁、由低级到高级、由旧物质到新物质的运动变化过程。职业发展是致力于个人职业道路的探索、建立、取得成功和成就的终身的职业活动。当职业符合自己的个人意愿时,在完成职业要求的过程中熟能生巧,自然而然地也就达到一个更高的境界。比如一个爱好写作的人到一家报社做记者,时间一长,写作作品增多,顺理成章地就成了一名作家,甚至是较有影响力的作家。当职业并不符合自己的个人意愿,但又无法改行时,应在履职过程中渐渐培养起对现行职业的热爱,由此积累经验,也能获得成功。一个人只有首先具备发展意识,才会进行职业规划,并付诸行动,向职业发展的目标努力,取得事业上的成就。

(3) 价值意识。

"天生我材必有用。"的确,每个人都有其独特的价值。但并非每个人都意识到了自己的价值。职业的价值意识本质上是一种职业价值观,是人生目标和人生态度在职业选择方面的具体表现,也就是一个人对职业的认识和态度及其对职业目标的追求和向往。理想、信念、世界观对于职业的影响,集中体现在职业价值观上。它是一种具有明确的目的性、自觉性和坚定性的职业选择的态度和行为,对一个人的职业目标和择业动机起决定性的作用。职业的价值意识决定了职业的期望,影响着人们对职业方向的选择和职业目标的追求。

2. 城市轨道交通职业意识

城市轨道交通是面向大众提供运输生产服务的公共服务行业,其职业具有特殊性,员工需要的职业意识也区别于其他行业的职业意识。根据城市轨道交通行业的特点和行业需求,员工的职业意识分为责任意识、安全意识、服务意识、协作意识、竞争意识、学习意识等方面。

(1)责任意识。

责任指个体分内应做的事,来自对他人的承诺、职业要求、道德规范和法律法规等。从社会学角度看,责任是一种职责和任务,是身处社会的个体成员必须遵守的规则和条文,带有强制性,它伴随着人类社会的出现而出现,有社会就有责任。

责任意识有时也称为责任感,是指个人对自己和他人、对家庭和集体、对国家和社会负责任的认识、情感和信念,以及与之相应的遵守规范、承担责任和履行义务的自觉态度。通俗地说,就是清楚明了地知道什么是责任,并自觉、认真地履行社会职责和参加的社会活动过程中的责任,把责任转化为行动的心理特征。

责任是一种使命,作为对工作中职责、义务的感知,一般来说,具有责任意识的员工,应具备以下特征:

①为成功完成工作任务而保持高度热情和付出努力。责任意识体现敬业精神。把自己的全部精力投入工作中去,全心全意地干好本职工作,做自己该做的,做好该做的。

②必要的时候,自愿做一些本不属于自己职责范围内的工作。有些工作不在本职工作范围内,但还是去做,并且积极地完成了,这就是合作。当接到一项分外的工作时,第一,保持良好的心态,公司的每一项工作都是作为公司员工的义务和责任;第二,仔细考虑通过什么方法去尽快地完成这项工作;第三,如果确实没有能力完成,应及时向领导反映原因,友好沟通,而不是想方设法推脱。

③乐于助人、与他人合作。适当地帮助别人可以得到集体的认同,可以体现自己对事业的热爱。在工作中,要在同事之间、部门之间保持合作态度,肯吃亏、不计较、能忍让、心正意诚。这是一种修养,体现了一个人良好的品格。

④遵守组织的规定和程序。严格遵守企业的规章制度,按期保质保量完成任务,自发地按计划、流程进行工作,如发现有缺陷,则自觉修补和完善。

⑤赞同、支持和维护组织的目标。具有责任意识的员工,会认识到自己的工作在组织中的重要性,把实现组织的目标当成自己的目标。勇于把企业的利益视为自己的利益,会因为自己的所作所为影响到企业的利益而感到不安,处处为企业着想,为企业留住忠诚的乘客,让企业有稳定的乘客群。工作就意味着责任,每一个职位所规定的工作任务就是一份责任,从事这项工作就应该担负起这份责任,具有责任意识的员工,不会推卸责任,也不会因为一次造成严重后果的过失而气馁,继而不敢承担责任。

⑥注意细节。在工作中遇到大事时,谁都会认真处理,谨慎对待,但有的时候责任意识却体现在琐碎的小事上。很多新人往往忽略这一点,对此不屑一顾。但只有在工作中做好每件事,才能真正赢得信任。在工作中追求完美,注重细节是必要的,但是世上没有十全十美的东西,总会有一些地方是不够完美、需要改进的。所以不要自满,从工作中的每个细节入手,将细节做得更完美,才会不断进步,能力才会不断提高。

> 职业现场

安全行车超百万公里的"最美职工"

在我国的各行各业中,都有这样的最美职工,他们没有豪言壮语,只有辛勤劳动、默默奉献,在平凡的岗位上,实现着人生梦想,展现着劳动者的风范。

图4-2 北京地铁司机廖明

廖明就是这样一位在北京地铁电动列车司机岗位上坚守了30余年的普通司机(图4-2)。他完成了超百万千米的安全行车里程,成为北京地铁电动列车司机的榜样。

1985年,廖明从北京地铁技校毕业后,进入北京地铁公司太平湖车辆段当实习司机,每天跟着师傅在驾驶室学习车辆操作和熟悉线路。刚参加工作时,为了充分了解列车的每一处构造,廖明会利用休息时间泡在检修车间向师傅请教,甚至把整台机器拆成零件,一件件琢磨。虽然捧上了"铁饭碗",廖明却一分钟都没有松懈过,不断钻研业务成了他茶余饭后的"娱乐"。

2002年,北京地铁13号线开通,很多地铁司机觉得老线老车都熟悉了,不愿意到新线重新学习。在地铁2号线工作了17年的廖明,却毅然报了名。

新型列车完全颠覆了以往老车的设计和操作理念,甚至连最小的开关都变了名称。对当时已经40岁的廖明来说,要和年轻人一起接受新理念、学习新知识,实属不易。然而,廖明迎难而上,把新、老车的技术相互对应着理解学习,不仅掌握了新车的理论知识,还通过不断地积累经验,总结出一些好的操纵方式和处理列车故障的方法,并将这些方法传授给身边的同事。

廖明在这些年的工作中刻苦钻研业务知识,踏踏实实、任劳任怨地奋战在小小的驾驶室里,他在工作中一直秉承着"安全行车每一刻,永远追求零风险"的工作信条,正是这样的态度让我们看到了廖师傅的荣誉簿上的一条条荣誉:

2007年荣获地铁公司年度先进个人称号;2009年荣获地铁公司颁发的"金手柄"奖;2011年荣获地铁公司劳动竞赛先进个人;2012年被评为"列车先锋";2013年被授予"首都劳动奖章";2014年被授予全国"五一劳动奖章";2015年被授予"全国劳动模范"荣誉称号;2020年获得第七届首都道德模范提名奖。

廖明作为一名普通的地铁列车司机,立足岗位、辛勤劳动,以高度的主人翁责任感、卓越的劳动创造、忘我的拼搏奉献,在平凡的岗位上做出了不平凡的业绩,生动诠释了社会主义核心价值观的深刻内涵,体现了"爱岗敬业、争创一流,艰苦奋斗、勇于创新,淡泊名利、甘于奉献"的劳模精神。

(摘编自中工网,2019年4月1日)

(2)安全意识。

在工作中,有的员工安全意识强,如在工作中表现为:遵纪守法、做事认真、按章作业、精力集中、事事想到安全第一、对事故隐患有一定的预见性等。有的员工安全意识弱,如在工作中表现为:思想麻痹、工作马虎、有侥幸心理、安全意识淡薄、纪律松弛、冒险作业、违章蛮干、对事故隐患毫不在意等。那么,安全意识到底是什么呢?

安全意识是人在生产活动中,对各种有可能造成自身及他人伤亡或其他意外事故的各种条件所保持的一种戒备和警觉的心理状态。

人的安全意识的高低取决于两个方面的因素:人对危险的认识能力和对安全的需要。也就是人在做某一件事之前会有两个方面的心理活动,一方面是对外在客观环境中的人与物进行认知、评价和结果决断;另一方面是在认知、评价和结果决断基础上,决定个人行为,并进行适当心理调节,以保障人身安全。

行车安全

违反规章代价巨大

城市轨道交通是现代大城市广泛采用的一种节能、省地、运量大、全天候、污染少、安全性高的公共交通工具,行车安全不但关系到整个轨道交通系统的正常运作,而且关系到广大乘客的生命、国家财产的安全,所以安全是城市轨道交通的生命线和效益线。作为城市轨道交通从业人员,应该牢固树立以下安全意识:

①安全责任意识。"责任"就是要尽责、负责,使自己所做的每件事都必须达到安全的标准,始终坚持安全高于一切、安全重于一切、安全先于一切、安全压倒一切。

②安全制度意识。要遵章作业,按安全规程作业,不能存有侥幸心理做违反安全管理制度的事情。必须坚决杜绝"制度重要,干起来就忘掉"、不把制度当回事的倾向。强化执行落实安全制度的意识,踏踏实实按规章制度做好每一件事。

③安全岗位意识。保证安全的过程就是坚守好自己的岗位,要同违章违纪、思想麻痹、不负责任的人作斗争,我们每个人的岗位都是一个阵地,只有大家都守住了岗位安全意识,整个企业的安全才能得到保证。

④安全忧患意识。安全忧患意识是一种居安思危的思想智慧,是一种清醒的防范意识和管控意识,是一种自觉的危机感、紧迫感、责任感和使命感。如果把安全忧患意识始终贯穿城市轨道交通生产运输过程中,融入现场,落实到岗位,事前预防和过程控制就会得到有效落实,安全防线就会更加牢固可靠。

⑤安全互保意识。安全工作是一个系统工程,我安全、你安全、他安全,才能

确保大家都安全,从而保证企业的安全生产。每个员工都要有"提个醒""相互支持""相互补台"的意识,人人都要具有安全意识。在开展每一项工作之前,都要问自己三个问题:一是作业是否有违章;二是安全保护措施如何;三是工作现场还有没有安全隐患。要把这"三个问题"落实到自己的行为中,使每一个员工之间都有互保安全的意识。

⑥安全学习意识。只有经常熟读安全知识、熟记安全操作规程、不断学习安全管理,才能建立安全意识,做到安全生产每一天。新员工要向老员工学习,没有安全经验的人要向懂安全知识和技术的人学习,现场手牵手地传帮带,一边工作一边学习,时刻敲响安全的警钟,做到安全意识时时在心。

———————————————————————————⊳ 知识拓展

安全生产月

经国务院批准,由国家经委、国家建委、国防工办、国务院财贸小组、全国总工会和中央广播事业局等十个部门共同做出决定,于1980年5月在全国开展安全生产月(1991—2001年改为"安全生产周")活动,并确定以后每年6月都开展安全生产月活动,使之经常化、制度化。图4-3为安全生产月的宣传海报。

图4-3　安全生产月宣传海报

(3)服务意识。

在工作中,必须要有服务意识,特别是服务行业,更应该在服务上下功夫,否则会给单位和个人带来不良影响。城市轨道交通行业是典型的服务型行业,随着社会的进步,乘客对服务满意度要求越来越高,员工服务意识的强弱是决定服务质量好坏的关键因素。

服务意识指服务人员在与一切企业利益相关人或企业的交往中所体现的为其提供热情、周到、主动服务的意愿和意识,即自觉主动做好服务工作的一种观念和愿望,发自服务人员的内心。

服务的六大要素,即用心、主动、积极、热情、周到、细心,决定了服务意识的内涵,是职业从业者需要重点关注的对象。

①用心。即做事要上心,把服务对象(服务相关方)的事情时刻放在心里,然后全心全意为其服务。这里的"心"包括初心、诚心、耐心、热心、关心、爱心和恒心等方面。

②主动。即主动了解事情的目的,主动理解做事的方法,主动按时(或提前)、按质和按量完成该做的事。在此期间,不需要服务对象三番五次事前催促、事中监督。有时候,在做事过程中会发现问题,要主动去识别这些问题,若自己有能力和权力,则及时去解决;若超出自己能力和权力范围,则主动上报。如果真的产生了问题,也要主动和敢于承担。总之,主动想事、做事和担事。

③积极。采用进取、向上和正面的心态对待事情,凡事要积极地面对。

④热情。即给予服务对象友好的情感或态度。在服务过程中,一个人的表情、言语、肢体和行为等,给服务对象的感觉应是友好的、可近的和温暖的,让客户愿意接受你的服务,愿意和你合作,和你分享服务成果等。这份热情应该是由衷的,不是刻意的;是诚恳的,不是做作的;是适度的,不是过分的;是柔性的,不是硬性的。

⑤周到。即考虑事情全面。无论从事什么行业,在服务过程中都存在着全面性的问题,也就是说服务越全面,相关方就会越满意,价值就越高。而疏忽、大意和粗心等均为减分项。想客户所想,然后去提供服务;也要想客户没有想到、但有潜在需求的,尽力提供服务。

图4-4(摘自武汉地铁青年微信公众号,2017年9月5日)为某地铁工作人员在为乘客耐心讲解自动售票机上的车票购买流程,帮助乘客购买车票。

图4-4 地铁工作人员帮助乘客购票

▶ 职业现场

一封表扬信

飞机起飞前,一位乘客请求空姐给他倒一杯水用来服药,空姐很有礼貌地说:"先生,为了您的安全,请稍等片刻。等飞机进入平稳飞行状态后,我们会立即把水给您送过来。好吗?"15分钟后,飞机早已进入了平稳飞行状态,突然乘客服务铃急促地响了起来,空姐猛然意识到:糟了,自己忘记给那位乘客倒水了。空姐来到客舱,看见按服务铃的果然是刚才那位乘客。她把水送到乘客前,面带微笑说:"先生,实在对不起,由于我的疏忽,延误了您吃药,非常抱歉。"这位乘客指着手表说:"怎么回事,有你这样服务的吗?"空姐很委屈,但无论怎么解释,这位乘客都不肯原谅她的疏忽。接下来的飞行途中,空姐为了补偿自己的过失,每一次去客舱给乘客服务时,她都会特意走到那位乘客面前,面带微笑地询问他是否需要水或者别的帮助,然而那位乘客余怒未消,摆出一副不合作的样子,并不理会空姐。临到目的地前,那位乘客要求空姐把留言本给他送过来。"乘客要投诉我吗?"空姐想。此时,空姐虽然心中很委屈,但是仍然不失职业道德,非常有礼貌而且面带微笑地说:"先生,请您允许我再次向您表示真诚的歉意,无论您提出什么意见,我都欣然接受。"那位乘客脸色一紧,准备说什么,可是却没有开口。他接过留言本,开始在本子上写了起来,等到飞机安全降落的时候,所有的乘客陆续离开,空姐本以为这下完了,没想到等她打开留言本,却惊奇地发现,那位乘客在本子上写下的并不是投诉信,而是一封热情洋溢的表扬信。

思考:是什么使这位挑剔的乘客最终放弃了投诉转而写下了一封表扬信?

⑥细心。

海不择细流,故能成其大;山不拒细壤,方能就其高。无论做什么工作,都要重视小事、关注细节,把小事做细、做透,细中见精、小中见大,对那些平时工作中被忽略的小节、见怪不怪的小事,要高度重视。细心实质上是一种长期的准备,一种习惯,一种积累,也是一种眼光,一种智慧。只有长期保持高的工作标准,才能注意到问题的细节,做到为使工作达到预期的目标而思考细节。在工作中,如果我们关注了细节,就可以把握创新之源,也就为成功奠定了基础,正所谓"天下难事必作于易,天下大事必作于细"。想成就一番事业,就必须从简单的事情做起,从细微之处入手。

城市轨道交通不断发展,乘客对出行的品质要求越来越高,而品质的差异往往蕴藏在细节之中。员工在工作过程中要摒弃"差不多就行"的思想,养成钻、精、细的工作作风,培养精益求精的精神,细心做好服务,以认真的态度做好本职岗位上的每一件小事,以负责的心态对待每个细节,只有做好小事,才能在平凡的岗位上创造出最大的价值。

▶ 企业创新

地铁设计里的"细节"

杭州地铁特别注重人性化乘车体验,许多方面都备受社会称赞,地铁的细节设计就是其中之一。

杭州地铁列车,车头外形远看像一张"快乐笑脸",车头挡风玻璃的弧形边框为"笑脸"形状,4个车灯设置于"笑脸"两侧,形如"酒窝"。这样设计的目的是每当列车驶进车站,就能给乘客一种亲切的感受。

国内地铁列车的车门,一般为1.85米,而杭州地铁有1.9米,换句话说,杭州地铁能让更多的高个子不用低头就能走进车门。此外,窗户玻璃是最高的,上边框延伸到了车厢顶部,可以给乘客最大的视野享受;列车扶手、椅子等的高度,都是根据大多数人身高设置的,最上面的横杆高度1.85米,拉环高度1.60米,还有直杆,尽量让不同身高的人都有扶杆可抓。

▶ 职业现场

糖 果 车 站

"关爱其实很甜。列车驶离站台,糖在慢慢融化,仅仅是甜吗?温暖在回家的路上。"在南京地铁珠江路"糖果车站"内,随处可见这样一段话。

"糖果车站"是南京地铁"人文地铁"品牌建设的一个缩影(图4-5)。目前,南京地铁每个站点都在打造自己的特色,虽然这些车站特色不同,但有一样是相同的,那就是"细节服务"。地铁书吧、自动擦鞋机、雨伞借用架,让乘客享受温馨服务;婴儿护理台,让母亲在地铁站有一个护理婴儿的理想场所;盲文扶手、残疾人电梯,让残障人士出行无忧。

图4-5 南京地铁"糖果车站"

南京地铁"人文地铁"服务让市民身处地铁站,随处能感受到浓浓的人文关怀,赢得了社会的广泛赞赏,乘客满意度连年居高。

(摘编自南京地铁微信公众号,2015年6月1日)

(4)协作意识。

一群人不一定是一个团队,团队也不仅仅是一群人。而协作,是一群人成为一个团队的充分条件和核心因素。职业从业者在与他人的协作过程中会遇到有的人工作能力、效率等强于自己或者不如自己,有的人与自己性格、脾气相投或相背等情况。此时,一定要分析自己所处的角色位置,学习别人的长处,弥补自身的短处;发扬自身的长处,善意接纳别人。

协作意识指个体对共同行动及其行为规则的认知与情感,包括对分工、合作和监督的态度,是团队精神的核心体现。培养协作意识,做好团队协作,需要具备以下条件:

①大度包容。对其他队员要有包容之心,包容其缺点、性格甚至某些生活习惯等。工作要不拘小节,只有这样才能和他人更好地协作。

②正直向善。要有正直善良的品质,这是做人的基本原则,当然也是团队工作需要的基本品质。

③精力充沛。要保持良好的精神状态,一个人如果整天昏昏沉沉,萎靡不振,还何谈与他人合作?

④积极进取。要有积极进取的精神,想办法把事情做好,即便是遇到困难也会努力去克服,而不是退缩或者放弃。

缺乏协作能力的人有以下三种特性:

①自卑且缺乏自信心。总是被人和事推着走,总会受别人影响,总是拿别人的长处与自己的短处比。

②自大。总觉得别人都不如自己,认为什么都是别人的错。不懂得"寸有所长,尺有所短",总是拿别人的短处与自己的长处比。

③自私。只看见自己的工作,只看到自己的付出,漠视别人的工作,忽视整体的工作。

这些都是缺乏积极协作意识的表现,势必影响企业整体工作的顺利进展。就像打篮球,拿到球的人不一定要坚持自己投篮,更多时候只有把球传给队友,才更能为己队赢得胜利。

城市轨道交通运营管理是一项高度组织化的工作,涉及的部门和工作人员很多,通常需要团队协作来完成一项任务。培养员工的协作意识,能够营造良好的工作氛围,并提升员工的工作效率。

▸ 故事阅读

廉颇和蔺相如

战国时,赵国蔺相如受赵王派遣,带着稀世珍宝和氏璧出使秦国。他凭智慧与勇气完璧归赵,得到赵王的赏识,被封为上大夫。后来,秦王又提出与赵王在渑池相会,想逼迫赵王屈服。蔺相如和廉颇将军力劝赵王出席,并设巧计,廉颇以勇猛善战给秦王以兵力上的压力,蔺相如凭三寸不烂之舌和对赵王的一片忠心使赵王免受屈辱,并安全回到赵国。

赵王为了表彰蔺相如,就封他为上卿,比廉颇将军的官位还高。这下廉颇可不乐意了,他认为自己英勇善战,为赵国拼杀于前线,是第一大功臣,而蔺相如只凭一张嘴,居然官居自己之上。廉颇很不服气,就决心要好好羞辱蔺相如一番。

蔺相如听到这个消息,便处处回避,不与廉颇见面。到了上朝的日子,就称病不出。有一次,蔺相如有事出门遇到廉颇,廉颇命令手下用各种办法堵住蔺相如的路,最后蔺相如只好回府。廉颇就更得意了,到处宣扬这件事。

蔺相如的门客听说了,纷纷提出要回家。蔺相如问为什么,他们说:"我们为您做事,是因为敬仰您是个真正崇高的君子,可现在您居然对狂妄的廉颇忍气吞声,我们可受不了。"

蔺相如听了,哈哈一笑,问道:"你们说是秦王厉害还是廉颇将军厉害?我连秦王都不怕,又怎么会怕廉颇呢?秦国现在不敢来侵犯,只是慑于我和廉将军保护着赵国,作为赵王的左膀右臂,我又怎能因私人的小小恩怨而不顾江山社稷呢?"

廉颇听说后,非常惭愧,便袒胸露背背着荆条向蔺相如请罪。蔺相如知道后,连忙热情出来迎接。廉颇半跪着走到蔺相如面前,羞愧地说:"蔺丞相,都怪我一时冲动,现在回想起来真是后悔莫及呀!请你用荆条打我吧,我甘受惩罚!"蔺相如连忙把廉颇扶起,说:"大哥快快请起,秦王之所以不敢攻打我们赵国,是因为我们国家有你我这一武一文,让我们同心协力保卫赵国吧!"廉颇听后觉得很有道理。这件事过后,两人成了好兄弟,齐心协力,合作保护赵国。廉颇"负荆请罪"的故事也成了千古流传的佳话。

(5)竞争意识。

"物竞天择,适者生存"是自然界亘古不变的法则,对于人类社会也是如此,竞争意识能使人精神振奋,努力进取,促进事业的发展,是现代社会中个人、团体乃至国家发展过程中不可缺少的心态。有竞争的社会,才会有活力,世界才会发展得更快;在有竞争的群体里,会出更多的成绩,有更高的水平。竞争是不甘平庸,追求卓越;竞争,使个人完善,使群体上进,使社会发展。

竞争意识是一种提高自身素质、激发自我潜能的动机形式,在竞争的环境中,个人为了取得好成绩而与他人展开竞争,能够锻炼自身的综合素质,尤其是心理素质。有竞争意识的员工,才会有斗志,才能奋发图强,实现自己的理想。城市轨道交通员工必须懂得入职竞争、岗位竞争、服务竞争,生存的竞争压力无处不在。

竞争需要良性循环,需要有竞争的原则,不能使用打压等一些非正常竞争手段。一般来说,有三大竞争原则:公平竞争、目标递升、竞争与合作。首先,要选择合适的竞争对象,选择实力过低的竞争对象对自身的提高不仅没有好处,还会使自己进入自我满足的误区;其次,保持竞争的自信心和持久性,好高骛远的竞争方式不仅打击竞争的自信,而且也不能持久,必须要循序渐进;最后,竞争、提高永远离不开合作,只有汲取集体的智慧和力量,才能成为竞争关系中的强者。

城市轨道交通员工树立竞争意识,遵循竞争原则,积极参与工作中的良性竞争,能够提升自身的综合职业素质,有利于为乘客提供更好的服务,促进行业更加健康和可持续发展。

(6)学习意识。

对于职业从业者来说,学习不仅是一种工作态度,更是一种精神追求、一种工作责任,是保持核心竞争力的必由之路。在工作岗位上,每个人都会经历积累知识和技能的过程。为了能够提升职业胜任能力,更好地适应各阶段各个岗位的知识技能要求,需要员工不断地学习,从岗位上学、在实践中学,确保成为一名合格的职业人。

知识经济时代,自主学习已是人们不断满足自身需要、充实原有知识结构,获取有价值的信息,并最终取得成功的法宝。得益于科技的进步,城市轨道交通的发展越来越快,新的知识、技术和管理手段等不断涌现,这要求员工与时俱进,紧跟行业发展的步伐,增强学习意识。开展持续学习以更新技能,已经成为城市轨道交通全体从业人员的必修之课。

城市轨道交通员工只有树立学习意识,把学习作为工作之基、能力之本、素质之源,才能不断充实自己、升华自己,做到知识过硬、本领高强,更好地服务乘客,促进行业和企业的发展。

----- 故事阅读

头悬梁,锥刺股

"头悬梁,锥刺股"常用来形容一个人刻苦学习,这个短语背后其实有两个故事。其中,"头悬梁"出自《太平御览》卷三百六十三引《汉书》:"孙敬字文宝,好学,晨夕不休,及至眠睡疲寝,以绳系头,悬屋梁。"即东汉时期,有个读书人叫孙敬,经常读书到深夜,为了防止打瞌睡,他找了一根绳子,一头绑在头发上,另一头系在房梁上,这样只要他打瞌睡就会因为疼痛而醒来。"锥刺股"出自《战国策·秦策一》:"(苏秦)读书欲睡,引锥自刺其股。"即战国时期政治家苏秦,年轻时发奋读书,为了防止夜半打瞌睡,就在疲倦时用锥子刺大腿,以此令自己保持清醒,继续读书。

----- 知识拓展

学习金字塔

"学习金字塔"是美国学习专家爱德加·戴尔于1946年首先发现并提出的一种现代学习方式的理论。它用数字形式形象显示了"采用不同的学习方式,学习者在两周以后还能记住内容的多少"。

在塔尖,第一种学习方式是"听讲",也就是我们最熟悉、最常用的"老师在上面说,学生在下面听"的方式,学习效果是最差的,两周以后学习的内容只能留下5%。第二种通过"阅读"方式学到的内容,可以保留10%。用第三种"视听"的方式学习,可以保留20%的内容。第四种是"演示",采用这种学习方式,可以记住30%的内容。第五种是"讨论",可以记住50%的内容。第六种是"实践",能记住的内容可以达到75%。最后一种在金字塔基座位置的学习方式,是"教授给他人",可以记住90%的学习内容。

爱德加·戴尔同时提出,学习效果在30%以下的,都是个人学习或者被动学习的传统方式;而学习效果在50%以上的,都是团队学习、主动学习和参与式学习。如图4-6所示。

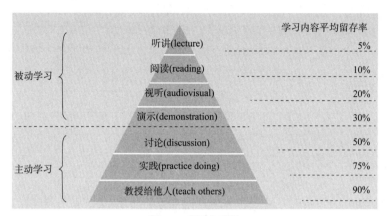

图4-6　学习金字塔

(图片来源:美国缅因州国家训练实验室)

学 习 心 得

项目4　城市轨道交通员工职业素质

班级_____　姓名_____　学号_____　小组_____

任务4.2

> **任务实施**

　　加班指除法定或者国家规定的工作时间以外,正常工作日延长工作时间或者双休日以及国家法定假期期间延长工作时间。基于各种原因,加班是现代企业中很普遍的现象。请谈谈你如何看待工作加班。

任务评价

1. 自我评价

我能做到：
☐ 了解公民职业道德的基本内容
☐ 了解城市轨道交通行业的职业意识
☐ 在工作中时刻保持必备的安全意识
☐ 在工作中做到团队合作、协同努力

2. 小组评价

我们小组做到了：
☐ 全员参与　☐ 分工明确　☐ 学习高效　☐ 完成任务

3. 教师评价

序号	评价项目	成绩	综合成绩
1	学习准备		
2	知识理解		
3	参与讨论主动性		
4	沟通协调		
5	语言表达		
6	思维拓展		

任务4.3 端正职业态度和心态

问题导入

引导问题1 城市轨道交通从业者需要什么样的职业心态？

引导问题2 你觉得影响一个员工工作态度的因素有哪些？

引导问题3 优质的服务和职业心态之间的关系是什么？

任务分组

建议学习者组建学习小组，制订学习计划，共同完成"任务实施"中的题目。

姓名	学号	分工	角色	学习计划

知识储备

一、职业态度

1. 定义和内涵

态度是一个人对待事物的一种驱动力，不同的态度产生不同的驱动作用，好的态度产生正向的驱动力，不好的态度产生反向的驱动力，影响事物的发展方向。同时，对待任何事物都不是单纯的一种态度，而是各种不同心态的综合。

职业态度是指个人对所从事职业的看法及在行为举止方面反映的倾向，包括职业选择方法、工作取向、独立决策能力与选择过程的观念，简而言之，职业态度就是指个人对职业选择所持的观念和态度。

就其本质而言，职业态度就是劳动态度，它是从业人员对社会、对其他社会成员履行职业义务的基础，具有经济学和伦理学的双重意义。需要注意的是，劳动态度不单指劳动者的主观态度，也揭示了劳动者在生产过程中的客观状况、参加劳动的方式。人们的劳动态度是在多种因素的作用下形成的，既有主观因素，也有客观因素。主观因素有劳动者的劳动价值观念、受教育程度、文化专业技术水平、劳动能力、兴趣爱好等。客观因素有生产资料的所有制状况、劳动者在劳动中的地位、产品的分配方式、劳动者具体劳动的内容、劳动环境和劳动条件等。

需要注意的是,企业员工的职业态度不仅体现其个人的职业心理状态,还体现单位、部门或者系统的整体精神境界和道德风貌。

2. 影响因素

(1)个人因素。

影响职业态度的个人因素包括个人的兴趣、能力、抱负、价值观、自我期望等。职业态度的个人因素与职业发展过程有相当密切的关系,因为个人因素的形成多与其成长背景相关,个人价值观是在成长过程中一点一滴慢慢形成的。个人若能对自我的各项因素有深入的了解,就能了解何种职业较适合自己,从而作出明确的职业选择。个人在选择职业时表现出来的态度,也是个人兴趣、能力、抱负、价值观、自我期望的体现。但若只是依照个人因素来选择职业,有时难免会产生与社会格格不入的感觉,因此,在选择职业时仍必须考虑其他相关因素。

(2)职业因素。

影响职业态度的职业因素包括职业市场的需求、职业的薪水待遇、工作环境、发展机会等。就理想而言,兴趣、期望、抱负应该是个人选择职业的主要依据,但是,事实上却必须同时兼顾自我能力及外在的社会环境、职业市场动态等。对职业有越深的认识,就越能够掌握正确的职业信息,也可以获得比较切合实际的职业选择。相反,对职业认知有限的人,甚至连何处有适合自己需求的工作机会都不清楚,更何况要作出明确的职业选择。因此,个人对职业的认知会影响到个人的职业态度。

(3)家庭因素。

影响职业态度的家庭因素包括家庭的社会经济地位、父母的期望、家庭背景等。大多数父母希望自己的子女能拥有更高的学历,从事更有发展前景的工作。因此,在做职业选择时,家人的意见通常会影响个人的职业态度。

(4)社会因素。

在职业发展的过程中,个人的最终目标是其自我价值能在其职业上有所体现,希望自己能成为社会中有身份、有地位的人。比如,一般人认为医生、律师、艺术家有较高的社会地位,类似这种社会现象或多或少影响了个人的职业态度。

3. 服务态度

服务态度是一种职业态度,指服务者在为被服务者服务的过程中,在言行举止方面表现出来的一种神态。特别需要注意的是,服务过程中不能把由其他因素带来的情绪表现给被服务者。服务态度包括:热情、诚恳、礼貌、尊重、亲切、友好、谅解、安慰等。

服务态度是反映服务质量的基础,优质的服务是从良好的服务态度开始的。良好的服务态度会使乘客感受到亲切、热情、朴实、真诚。一般来说,城市轨道交通员工优良的服务态度主要表现在以下几点：

(1)认真负责。即要急乘客之所需,想乘客之所求,认认真真为乘客办好每件事,无论事情大小,均要给乘客一个圆满的结果或答复,即使乘客提出的服务要求不属于自己的岗位职责,也要主动与有关部门联系,切实解决乘客的问题,把解决乘客之需当作工作中最重要的事,按乘客要求认真办好。

(2)积极主动。即要掌握服务工作的规律,自觉把服务工作做在乘客提出要求之前,要有主动"自找麻烦"、力求客人完全满意的思想,做到处处主动,事事想深,助人为乐,事事处处为乘客提供方便。

(3)热情耐心。即要待客如亲人,面带笑容,态度和蔼,语言亲切,热情诚恳。不管服务工作多繁忙,压力多大,都要保持不急躁、不厌烦,镇静自如地对待乘客。乘客有意见时虚心听取,乘客有情绪时尽量解释,绝不与乘客争吵,发生矛盾时要恭敬、谦让。

(4)细致周到。即要善于观察和分析乘客的心理特点,懂得从乘客的神情、举止发现乘客的需要,正确把握服务的时机,服务于乘客开口之前,使服务效果超乎乘客的期望,力求服务工作完善妥当,体贴入微,面面俱到。例如,许多地铁公司推出地铁工作人员帮助残疾乘客上车服务,如图4-7所示。

服务态度差顶撞乘客

图4-7　地铁工作人员助残服务

(摘自深圳特区报,2021年8月11日)

(5)文明礼貌。即要有较高的文化修养,语言健康,谈吐文雅,衣冠整洁,举止端庄,待人接物不卑不亢,尊重不同国家、不同民族的风俗习惯、宗教信仰和忌讳,事事处处注意表现出良好的精神风貌。

总之,当今社会,分工越来越精细,工作要求越来越严格,服务要求越来越高,态度和能力经常被捆绑在一起,成为做好每一项工作的前提和基础。能力有大小,每个人拥有的知识、阅历有所不同,在工作中发挥的效用和体现的能力定然有差距,所以在分工时务必根据每个人的性格特征、工作能力、所学专长进行岗位划分,做到物尽其用、人尽其才。然而态度则完全不同,即便能力和岗位不同,对于工作的态度仍然可以一致。对于城市轨道交通服务人员来说,每天面对千篇一律的工作,难免会有厌倦情绪和麻木感觉,但工作态度是服务品牌,也是工作业绩的认证,每个人都必须端正态度,以饱满的精神状态、高度的责任感发挥自身最大的能量,把每一项工作做到尽善尽美,为乘客提供良好的出行体验。

> 知识拓展

服务态度"警戒线"

(1)"没有办法"。规范操作:尽可能创造条件去解决问题,对于相关规定,应做好耐心且诚恳的宣传和解释,或者向乘客承诺会向有关部门反映乘客的合理需求。

(2)"我不知道"。规范操作:尽可能通过其他途径尽快告知,或者让乘客留下联系方式,说:"我会负责地告知有关问题答案的。"

(3)"这件事你找我们领导"。规范操作:"我有责任接待并处理好,如果您不满意,我请站长来处置。"

(4)"你去投诉好了"。规范操作:"我乐意接受您指出我工作中的问题,我会注意改正,请今后继续关心和监督我的整改工作和状态。"

(5)"你自己去看"。规范操作:应尽力、主动地给予解决,如实在忙,应向乘客表示:"对不起,请稍等。"

二 职业心态

1. 心态

心态是指心理状态,有一个动态变化的过程,指人面临一定情景、在某一时刻表现出来的心理活动水平。人对事物发展的反应和理解会表现出不同的思想状态和观点。态度是心态反应的表现化,其特点如下:

(1)直接现实性。

人的心理活动的各种现象都是以心理状态的方式存在的,或者说,人的各种具体的现实的心理过程与个性心理特征以至高级神经活动等,总是在一定的、具体现实的心理状态中被包含着或被表现出来。因此,了解自己或别人的心理活动时,直接观察到的便是在一定情境时存在的心理状态。作为了解自己或他人心理活动的指标,心理状态具有明显的直接现实性。

(2)综合性。

心理状态是个体在一定情境下各种心理活动的复合表现,任何一种心理状态既有各种心理过程的成分,又有个性差异的色彩,还包括许多复合的心理过程,不是心理过程的简单拼合,而是由这些心理过程构成的具有新的特性的复合物。尽管这些成分在不同的心理状态中的地位和作用不一样,但心理状态始终是心理活动的综合反映。

(3)相对稳定性。

当主体进入或处于某种心理状态时,若无必要强度量级的动因起作用并达到改变原心理状态的临界度以上,原来的心理状态就会持续稳定或长或短的时间。某一心理状态能持续多长时间,取决于许多可能起作用的相关因素及其力量的组合与对比,其重要的因素之一是该心理状态下各心理过程或心理活动的强度。

(4)流动性。

心理状态具有动态变化的特性。任何心理状态都不是一成不变的,而是随时可能由于种种无法避免的内外动因的作用而发生量变和质变。从整体上看,心理状态虽然不如心理过程那样流动,具有一定时间的延续性,但也不像个性心理特征那样具有时间与情境上的一贯性。由于内外部现实的影响构成心理过程的不断变化,复合的心理状态各部分之间的关系也不断发生变化,一种心理状态会随时被另一种心理状态替代,而某一种特定的心理状态也会不断发生变化。

2. 职业心态的内涵

职业心态又称"职业心理成熟度",指在职业中根据职业的需求应该表露出来的心理感情,也指职业人士应具备的心态。它是职业人士职业素质的重要体现,对其职业化程度即职业技能、职业道德、工作形象和工作态度有重大影响。在日常工作中,如何正确对待同事、客户和合作伙伴,对待工作安排或调整,如何对待批评和荣誉的态度等,都是职业心理成熟与否的表现。

服务心态是职业心态的一种,指服务人员在服务客户过程中的主观意识和心理状态,服务心态的好坏直接影响到服务对象的心理感受,取决于服务人员的积极性、主动性、创造性、责任感和素质的高低。心态决定行为,行为决定效果。员工的心态端正,对自己的工作岗位认同,就会寻求荣誉感和归属感,就会对服务对象有尊重之心,在语言、态度和行为上均会有所表现。

城市轨道交通行业的服务性强,要求员工具备良好的服务心态,即不断地考虑服务质量、服务内容、服务方式和乘客满意度。实践证明,要想提供高品质的服务,员工需要具备以下几种心态:

(1)积极。

积极的心理态度或状态,是个体对待自身、他人或事物的积极、正向、稳定的心理倾向,是一种良性的、建设性的心理状态。积极心态与消极心态是相对而言的,面对工作的压力与各种历练,如果保持积极的心态,则会激发人的潜能;若是消极应对,则会阻碍人的进步。

城市轨道交通服务过程中会遇到各种不确定的突发事件,面对工作中的问题、困难、挫折、挑战和责任,员工要从正面去想,从积极的一面去想,积极采取行动,努力解决问题。只有积极服务乘客,主动担当作为,才能提高工作效率,提升服务质量。保持积极的服务心态,正确看待得失,把工作当作一个享受的过程,是健康的职业心态的表现之一。

(2)主动。

要做到主动服务,就要及时调整自己的心态,时刻急乘客之所急,主动为乘客提供保质保量的服务。

城市轨道交通行业是技术和劳动密集型行业,其行业特点决定了员工的服务意识和服务水平在与乘客沟通过程中占有十分重要的地位,员工要摆正心态,在服务过程中发挥主观能动性,掌握服务工作的规律,自觉把服务工作做在乘客提出要求之前,主动"自找麻烦",做到处处主动,事事想深,助人为乐,为乘客提供一切可能的方便。

(3)包容。

城市轨道交通员工在工作过程中会遇到各种各样的人或事,每个人的爱好和需求都不同。与人相处,为乘客提供服务,满足乘客需求,要学会包容,包容他人的不同喜好和个性。作为服务人员需要培养同理心,去接纳差异,包容差异。

(4)自信。

自信是一切行动的原动力,没有自信就没有行动。要对自己的服务充满自信,对自己的能力充满自信,对同事充满自信,对未来充满自信。时刻提醒自己将最好的服务提供给乘客以满足他们的出行需求,一切行为和活动都是有价值的。

(5)空杯。

金无足赤,人无完人。任何人都有自己的缺陷和不足,都有弱点。需要保持空杯的心态(或归零的心态),时刻整理自己的专业知识、技能和智慧,吸收正确的、优秀的东西。工作中遇到与所在企业管理理念不一致的地方,要深入思考,积极配合。企业有发展的思路,有自身管理的方法,只要是正确的、合理的,就必须去领悟、感受,把自己融入企业之中,融入团队之中,服从统一的工作安排,以空杯的心态迎接挑战,不断提升自身的技能水平和服务质量。

(6)合作。

工作往往需要员工为了共同的目标协作完成某项任务,员工要有大局观,遇到问题大家一起想办法去解决,而不是相互推卸责任,只有具备合作的心态才能建立一个强大的有生产力和创造力的团队,更好地提供服务。

▷ 故事阅读

做一日和尚撞一日钟

《西游记》第十六回:那和尚只得同三藏与行者进了山门。山门里,又见那正殿上书四个大字,是"观音禅院"。三藏又大喜道:"弟子屡感菩萨圣恩,未及叩谢;今遇禅院,就如见菩萨一般,甚好拜谢。"那和尚闻言,即命道人开了殿门,请三藏朝拜。那行者拴了马,丢了行李,同三藏上殿。三藏展背舒身,铺胸纳地,望金像叩头。那和尚便去打鼓,行者就去撞钟。三藏俯伏台前,倾心祷祝。祝拜已毕,那和尚住了鼓,行者还只管撞钟不歇,或紧或慢,撞了许久。那道人道:"拜已毕了,还撞钟怎么?"行者方丢了钟杵,笑道:"你哪里晓得！我这是'做一日和尚撞一日钟'。"

思考: "做一日和尚撞一日钟"反映了什么样的职业心态?

◦ 哲理思考

三个砌墙工人的故事

三个工人在建筑工地砌墙,有人问他们在做什么。第一个工人悻悻地说:"没看到吗？我在砌墙。"第二个人认真地回答:"我在建大楼。"第三个人快乐地回应:"我在建一座美丽的城市。"

十年以后,第一个工人还在砌墙,第二个工人成了建筑工地的管理者,第三个工人则成了这个城市的领导者。

结合实际,谈谈你从中感悟到了什么。

学 习 心 得

班级_____ 姓名_____ 学号_____ 小组_____   任务4.3

任务实施

1. 在一个地方挖井,使劲挖了好多锹都没挖出水,是换个地方再挖,还是只认准这个地方,不管怎样艰难都坚持挖下去？请谈谈你的想法。

2. 胡适说:"人与人的区别在于八小时之外如何运用。"有时间的人不一定能成功,挤时间的人才可能成功。八小时之内决定现在,八小时之外决定未来。请谈谈你的理解。

任务评价

1. 自我评价
我能做到：
□了解职业态度的内涵
□了解城市轨道交通行业需要的服务态度
□了解心态在工作中的重要性

2. 小组评价
我们小组做到了：
□全员参与　□分工明确　□学习高效　□完成任务

3. 教师评价

序号	评价项目	成绩	综合成绩
1	学习准备		
2	知识理解		
3	参与讨论主动性		
4	沟通协调		
5	语言表达		
6	思维拓展		

项目 5

城市轨道交通员工职业素养培养

项目描述

职业素养是决定一个人职业生涯成败的关键因素,良好的职业素养包含了良好的职业道德、正面积极的职业心态和正确的职业价值观。工作中需要专业知识,更需要智慧,而最终起到关键作用的是职业素养。对城市轨道交通员工职业素养的培养需要在了解城市轨道交通职业特点和职业构成的基础上,结合员工自身的职业道德、职业技能、职业行为、职业作风和职业意识,以及市场环境的发展需要,从思想、观念、行为等各个方面着手,培养城市轨道交通行业职业人必须具备的核心素养。

本项目分四个任务介绍城市轨道交通员工职业素养培养。学习者通过对第一个任务中职业精神定义、性质、构成要素和实践内涵的学习,掌握城市轨道交通职业精神的塑造方法;通过对第二个任务中职业观念的定义、正确的职业观方面的学习,了解如何树立城市轨道交通的职业观念;通过学习职业习惯的定义、良好职业习惯的培养方法,了解城市轨道交通从业人员需要哪些职业习惯;通过对第四个任务中职业能力测评和拓展训练概念的学习,掌握职业能力测评的方法。

学习目标

学习目标	目标内容
知识目标	了解职业精神的定义、性质、构成要素和实践内涵
	了解职业观念的定义和正确的职业观
	了解职业习惯的定义和良好的职业习惯
	了解职业能力测评和拓展训练的概念
能力目标	掌握城市轨道交通职业精神、职业观念培养的方法
	掌握职业能力测评的方法
素质目标	厚植爱国情怀,加强品德修养,培根铸魂,全面发展综合素质
	提升自我认知能力,科学进行职业岗位匹配,扬长补短,德技兼修
	树立新时代发展理念,存道精业,推动城市轨道交通事业高质量发展

建议学时

2 学时。

项目5　城市轨道交通员工职业素养培养

任务5.1　职业精神塑造

问题导入

引导问题1　职业精神的构成要素是什么？

引导问题2　你知道社会主义职业精神的内涵吗？

引导问题3　你能说出城市轨道交通需要什么样的职业精神吗？

引导问题4　作为城市轨道交通员工，你应该具备什么样的精神面貌？

任务分组

建议学习者组建学习小组，制订学习计划，共同完成"任务实施"中的题目。

姓名	学号	分工	角色	学习计划

知识储备

一　职业精神概述

1. 定义和性质

职业精神是与人的职业活动紧密联系的、具有自身职业特征的精神，是人们在一定的职业生活中能动的自我表现。职业精神具有如下特性：

（1）职业精神具有特定的职业特征。既表达某一职业的根本利益和特殊要求，又表现为某一职业特有的世代相传的精神传统，还体现从业者特定的精神风貌和心理素质。

（2）职业精神既有原则性，又有可操作性。各种不同职业对从业者的精神要求总是从本职业的活动及其交往的内容和方式出发，适应于本职业的客观环境和具体条件。

（3）职业精神具有较强的稳定性和连续性。形成了具有导向性的职业心理和职业习惯,在一定程度上维系着从业者在社会和家庭生活中的"职业化"品行。

(4)职业精神具有调节功能。既能调节本职业中的若干关系,还能调整该职业同社会各方面的关系,既维护自己的职业信誉和职业尊严,又满足社会各方面对本职业的要求。

2. 构成要素

职业精神是由多种要素构成的。这些要素分别从特定方面反映职业精神的特定本质和基础,同时又相互配合,形成严谨的职业精神模式,主要包括以下几种要素。

(1)职业理想。职业精神所提倡的职业理想,主张各行各业的从业者,放眼社会利益,努力做好本职工作。这种职业理想是职业精神的灵魂。一般来说,从业者对职业的要求概括为三个方面,即维持生活、完善自我和服务社会,这三个方面在初级阶段的职业选择中都是必需的。公民在选择职业时应该把服务社会放在首位。因为只有从社会的整体利益出发,分别从事社会需要的各种职业,社会才能顺利地前进和发展。也只有在这个基础上,广大社会成员包括从业者自身,才能过上幸福的生活。

(2)职业态度。树立正确的职业态度是从业者做好本职工作的前提。职业态度具有经济学和伦理学的双重意义,既揭示从业者在职业生活中的客观状况,参与社会生产的方式,也揭示他们的主观态度。其中,与职业有关的价值观念对职业态度有着特殊的影响。一个从业者的积极性和完成工作的质量,在很大程度上取决于其职业价值观念。职业伦理学研究表明,先进生产者的职业态度指标最高。因此,改善职业态度对培育职业精神有着十分重要的意义。

(3)职业责任。职业责任包括职业团体责任和从业者个体责任两个方面。关键在于要促进从业者把客观的职业责任变成自觉履行的道德义务,这是塑造职业精神的一个重要内容。

(4)职业技能。在现代化建设中,职业对职业技能的要求越来越高。不但需要科学技术专家,而且迫切需要大量受过良好职业技术教育的初、中级技术人员,管理人员,技工和其他具有一定科学文化知识和技能的熟练从业者。如果没有这样一支劳动者大军,先进的科学技术和先进的设备就不能成为现实的社会生产力。我国经济建设的实践证明,各级科技人员以及科技人员和工人保持恰当的比例,生产建设才能顺利进行。

(5)职业纪律。职业纪律是在特定的职业活动范围内从事某种职业的人们必须共同遵守的行为准则。从业者明白了这个道理,就能够把职业纪律由外在的强制力转化为内在的约束力。从根本上说,职业纪律保障从业者的自由和人权,保障从业者发挥主动性和创造性。因此,职业纪律虽然有强制性的一面,但更有为从业者的内心信念所支持、自觉遵守的一面,而且是主要的一面,从而具有丰富的精神内涵。

(6) 职业自觉。这是从业者对职业责任的自觉意识，在人们的职业生活中有着巨大的作用，贯穿职业行为过程的各个阶段，成为从业者重要的精神支柱。职业自觉能依据履行责任的要求对行为的动机进行自我检查，对行为活动进行自我监督。在职业行为之后，能够对行为的结果和影响做出评价。一般来说，职业从业者履行了职责，并且取得了良好的效果，其内心会获得满足，感到欣慰；反之，没有履行职责的从业者则可能会受到内心的谴责，表现出内疚或者悔恨。

(7) 职业信誉。职业信誉是职业责任的价值尺度，包括对职业行为的社会价值做出的客观评价和正确的认识。从主观方面来看，职业信誉是职业良心中知耻心、自尊心、自爱心的表现。职业良心中的这些方面，能使一个人自觉地按照客观要求的尺度去履行义务，宁愿自我牺牲也不愿违背职业良心，做出可耻、毁誉和损害职业精神的事情。从这个意义上来讲，职业信誉鲜明地体现着从业人员的职业理想和主人翁的职业态度。从客观方面来说，职业信誉是社会对职业集体和从业者的肯定性评价，是职业行为的价值体现或价值尺度。同时，职业信誉又要求从业者提高职业技能，遵守职业纪律。职业精神强调职业信誉，更重视把社会的客观评价转化为从业者的自我评价，促使从业者自觉发扬职业精神。

(8) 职业作风。职业作风是从业者在其职业实践中所表现的一贯态度。从总体上看，职业作风是职业精神在从业者职业生活中的习惯性表现。职业作风具有潜移默化的教育作用，能把新的成员锻炼成合格的从业者，使老的成员永远保持优良的职业品质。职业集体有了优良的职业作风，就可以互相教育，互为榜样，形成良好的职业风尚。

3. 实践内涵

一个正确的认识，往往需要经过由物质到精神、由精神到物质，即由实践到认识、由认识到实践的多次反复，才能够完成，必须十分重视推进职业精神向职业实践的转化。社会主义职业精神的实践内涵至少应体现在敬业、勤业、创业和立业四个方面。

(1) 敬业。敬业是职业精神的首要实践内涵，即从业者对适应社会发展需要的各类职业特别是自己所从事的职业的尊敬和热爱。敬业本质上是一种文化精神，是职业道德的集中体现；是从业者希望通过自身的职业实践，去实现自身的文化价值追求和职业伦理观念。敬业与人的存在方式、人的本质、人的全面发展都有着直接的联系，共同构成职业精神的完整价值系统。从事职业活动，既是对社会承担职责和义务，又是对自我价值的肯定和完善。

(2) 勤业。古人说"业精于勤"，职业精神必须落实到勤业上。勤业是职业精神的重要内涵，是从业者事业态度的显现。为了做到勤业，不仅要强化职业责任，端正职业态度，而且需要努力提高职业能力。

(3) 创业。当前人们仍处在持续不断的创业进程之中，需要继续发扬创业精神。职业的发展动力在于创新，创新是当今社会职场竞争中的决定因素。职业活动必须要有所发现、有所发明、有所创造、有所前进。

(4)立业。立业就是要心怀全局、立足本职,脚踏实地、胜任工作,勇于拼搏、敢为人先。在我国,社会主义现代化建设是各行各业的根本大业,择业、创业、立业都必须服务于社会主义现代化建设。

4. 城市轨道交通职业精神

进入21世纪以来,我国城镇化速度加快,大城市规模扩大,交通堵塞严重,城市轨道交通行业在此背景下迅速发展。为了更好地解决城市轨道交通行业发展过程中出现的各种问题,需要加强培养城市轨道交通行业人才的职业精神,提升人才的层次,为行业的发展提供高质量、高水平人才保障,从而更好地助力社会经济增长。城市轨道交通职业精神包括以下几个方面:

(1)敬业精神。

敬业是一个道德的范畴。中华民族历来有"敬业乐群""忠于职守"的传统美德。朱熹说:"敬业者,专心致志,以事其业也。"即用一种恭敬严肃的态度对待自己的工作,认真负责,一心一意,任劳任怨,精益求精。敬业精神是个体以明确的目标选择一种朴素的价值观、忘我投入的志趣、认真负责的态度,在从事自己的主导活动和工作时所表现出的个人品质,是人们基于对一件事情、一种职业的热爱而产生的一种全身心投入的精神,是社会对人们工作态度的一种道德要求。敬业精神是做好本职工作的重要前提和可靠保障。

敬业精神的具体职业实践内容如下:

①准确设定岗位目标。高标准的岗位目标是做好本职工作、争创一流的动力。有了岗位目标,才能做到勤业精业,在本职工作岗位上创造性地开展工作。

②大力强化职业责任。发挥本职和岗位的职能,明确职业目标,完成岗位任务,遵守职业规则程序,承担职权范围内社会后果的责任,实现和保持本岗位、本职业与其他岗位、职业的有序合作。

③自觉遵守职业纪律。职业道德规范、企业的各项规章制度是职业纪律的内容,精心维护、模范执行职业纪律是维护企业正常工作秩序的重要保证。

(2)劳动精神。

劳动是人类社会生存和发展的基础,劳动精神是指崇尚劳动、热爱劳动、辛勤劳动、诚实劳动的精神,是劳动者在劳动过程中秉持的劳动观念、价值理念以及展现出来的劳动态度、精神风貌。劳动精神是一种实干精神,奋斗是劳动精神的本质。

我国新时代劳动精神的主要表现为:以爱岗敬业、勤奋务实为其固有本色,以诚实守信、艰苦奋斗为其鲜明特色,以敢于挑战、勇于创新为其时代亮色。劳模精神和工匠精神是劳动精神在新时代的具体化、典型化和升华。

爱岗敬业、勤奋务实是劳动精神的固有本色。一方面,爱岗敬业是劳动精神的基本要求。爱岗敬业体现的是对劳动的尊重、崇尚和热爱,勤奋务实是劳动精神的核心要义。勤奋是打开成功之门的钥匙,只有勤劳肯干、勤学苦练,才能不断实现自我突破,开辟人生和事业的前程。务实,就是要脚踏实地、拒绝空想,就是要真抓实干、不务虚功。另一方面,劳动精神在新时代具有诚实守信、艰苦奋斗的鲜明特色。诚实守信是劳动精神的立足基点。诚信是指人与人之间坦诚相待、信守诺言,强调内诚于心、外信于人。新时代赋予艰苦奋斗以新的内涵,要求在思想上增强不怕困难的意识,坚定克服困难的信心;在意志上保持昂扬的朝气、奋进的锐气;在行动上不怕苦、不怕累,吃苦在前,享乐在后。

劳模精神是劳动精神在新时代的生动诠释。劳模精神是劳动者品质在劳模身上的集中体现,是劳动精神的生动诠释。"爱岗敬业、争创一流,艰苦奋斗、勇于创新,淡泊名利、甘于奉献"生动体现了劳模精神的内涵。爱岗敬业表现基本态度,争创一流映现不懈追求,艰苦奋斗体现良好作风,勇于创新彰显强大动力,淡泊名利突出至高境界,甘于奉献展现无私情怀。劳模精神是劳模群体持有的思想观念和价值取向,但劳模精神不囿于劳模群体,是超越劳模群体的社会性精神。劳模精神已成为劳动精神的一面旗帜,引领更多的劳动者向劳模学习,向劳模看齐,以实际行动践行劳模精神。

工匠精神是劳动精神的重要组成部分,也是劳动精神在新时代的高度升华。相较于劳动精神所具有的综合性、包容性和丰富性,工匠精神更具独特性和品质性,工匠精神的主体是身处平凡岗位却追求不凡的劳动者。追求工匠精神的过程,既是追求至善至美的过程,也是不断淬炼人格的过程。当前,进一步弘扬工匠精神,就是要自动摒弃"差不多""过得去"的应付态度,把日臻完美、追求卓越的劳动精神注入工作实践中,创造更多有竞争力的产品和服务。

(3)创新精神。

创新是一个国家和民族发展的不竭动力,也是一个现代职业人应该具备的素质。创新精神是一种勇于抛弃旧事物,创立新思想、新事物的精神。

工作中,创新体现在很多方面,常见的创新精神的具体表现包括:不满足已有认识(掌握的事实、建立的理论、总结的方法),不断追求新知;不满足现有的生活生产方式、方法、工具、材料、物品,根据实际需要或新的情况,不断进行改革和革新;不墨守成规(规则、方法、理论、说法、习惯),敢于打破原有框架,探索新的规律、新的方法;不迷信书本、权威,不盲目效仿别人的想法、说法、做法,坚持独立思考,说自己的话,走自己的路;不僵化、呆板,运用已有知识和自身能力灵活地解决实际问题。

(4)奉献精神。

奉献是一种高尚的道德信念、处世态度、利他行动和"大爱"情操,奉献没有休止符,在任何时代都需要。奉献精神是一种自我牺牲精神,体现一种强烈的大局意识。为了实现某一事业或理想,不顾个人得失,抛弃自己的一切利益,直至牺牲生命的精神,其核心是个人与社会的关系问题。不同时代、不同阶级对其有不同的理解与要求。

每个人都可以成为奉献的主体,奉献应是一种主动自愿、不计回报的行为。把奉献精神落实到具体行动上,最广泛、最有效的途径就是自觉主动地在本职岗位上恪尽职守、尽职尽责。奉献精神正确处理了国家、集体与个人三者之间的利益关系,体现出时代性、革命性与科学性的统一。

奉献精神的涵养特征有以下几点:

①积小善为大善的渐进性。追求崇高性,即大美情操和高尚境界,是奉献精神的价值旨归。但崇高性需要逐步涵养,即从先人后己、助人为乐的礼让精神,再到乐善好施、扶危济困的慈善精神,最后升华至为国赴难、为民分忧的担当精神。新冠肺炎疫情中的"逆行者"完美注释了新时代奉献精神的最高境界,他们是当代楷模。

②甘心付出的主观自觉性。奉献精神不带有任何功利色彩,是发自内心做出善举。它不排斥外部环境的影响和熏陶,但拒绝外界压力的胁迫与规制,是行为主体的自主价值判断与行为选择。

③实践性与拓展性。奉献精神是一种高尚道德范畴,需要伦理教化与实践造化的有机协同。因此,奉献精神强调知行合一、表里如一,需要在不断奉献的具体实践中验证情怀,升华品格。拓展性体现为奉献行为的延展性,即一种具体的奉献实践行为可以影响到其他社会行为的方方面面,继而在实践效果层面形成发散与示范效应。

> 故事阅读

"敬业+创新"守护申城地铁"神经系统"

陆鑫源,中共党员,"80后",上海地铁维护保障有限公司通号分公司设备管理部副经理。他从2000年从事地铁行业工作以来,始终投身信号检修工作,坚守一线岗位,同时广泛学习国内外专业知识,自主研发专业技术,实现了"从工人迈向技师"的转变。

大家对地铁维护保障人员有什么印象?是否以为他们从事的只是头戴照明灯,拿着大号扳手和榔头,在地铁轨道上敲敲打打的工作?实际并不是这样。地铁列车被誉为在轨道上飞驰的"计算机",地铁的通号公司就管理着地铁的"神经"——信号系统。

在无信号系统的人工驾驶的时代,地铁列车运营间隔在20~30分钟之间。有了信号系统以后,列车追踪距离可以缩短到90秒。如果前车发生问题停止运行,后车会自动减速,避免冲撞。但是,事故仍然可能会发生。

2010年3月16日,陆鑫源在外面开会。突然,多个抢修电话打来。原来,2号线广兰路至徐泾东段,列车由于故障全都"趴"在了半道上。陆鑫源第一时间冲到控制中心,经过仔细分析发现,由于2号线网络已工作了十多年,承受不了越来越大的接入容量,出现了网络故障。他立即通知技术人员,关闭全部备用主机,以减少网络流量。大约1小时后,故障处理完毕。他接着想到,如果不更新改造网络设施,网络故障还会再次出现,很难避免。但是,工程项目的更新至少需要1年时间,而当时上海世博会举办在即,如果不能妥善处置,就有可能引发严重的交通瘫痪。想到这里,他睡意全无,连夜赶写出一份对策预案。后来在世博会期间,信号系统虽然发生了多次故障,但地铁方面每次都凭借这套预案得到妥善处置,确保了世博会大客流安全出行。

这些年来,陆鑫源先后完成20多项技术攻关,并在国内外学术期刊发表中英文论文10多篇,获得中国专利10项。然而,早在十几年前,当他从闸北职校毕业时,第一份工作只是普通的信号检修。由普通工人进阶为专业技师,他靠的是什么?

道岔故障处理技能

"刚参加工作那会儿,外方专家在机房里调试机器时,总是将显示器文字调得非常小,还经常找借口把我支开。既然这样,那我只能偷学了。"之后每晚的调试过程中,陆鑫源都随身带着记录本,把"洋师傅"的每一步操作与设备相应的反应一一记录下来,从而反推出一些代码的含义。通过"偷师学艺",陆鑫源迅速厘清了各种代码的含义,也搞明白了调试原理。久而久之,"洋师傅"被陆鑫源的专业态度感动了,双方在调试沟通过程中渐渐产生了合拍的感觉。由于配合顺利,项目后期进度较前期几乎加快了一倍。

时代在发展,技术需要革新。地铁列车的安全平稳运行,靠的是各类闭环技术、网络技术、传感技术等先进技术、设备的支持。陆鑫源组建了科技创新团队,并担任项目负责人,带领团队采用最新技术分析方法,搭建起"城市级信号维护支持平台"。通俗地讲,这个平台像一个预警雷达,可以准确检测关键设备的实时状态,并依托大数据平台分析设备的状态,做到提前预知、先期预防。同时,平台还具备"数据挖掘"功能,可以把数据的内容、时间、地点、列车情况等要素相互关联起来,寻找规律。据介绍,这个平台目前在国内轨道交通行业中尚属首创,即将在部分上海新建轨道交通线路上测试。未来,轨道交通维护体系将逐步从预防性维护,过渡至更先进的预知性维护。

(摘编自文汇网,2018年3月26日)

二 城市轨道交通职业精神塑造

培育卓越的职业精神,使职业精神渗透于行业体系和企业组织的肌体和员工的行为中,化作行业企业发展的生生不息的动力,是一项复杂的系统工程。塑造城市轨道交通员工职业精神需要结合时代发展的特征和行业发展的需求,可以从以下几个方面入手。

1. 确立正确的价值导向

对社会而言,价值导向反映社会结构本质要求,是实现社会和谐的思想道德基础;对组织而言,价值导向是确定激励机制的基础,通过树立标杆、奖励绩优,明确组织鼓励的行为,传递组织倡导的价值。

在我国,作为社会价值导向的是"社会主义核心价值体系"。敬业奉献是社会主义职业道德的本质特征。社会主义核心价值观中包含的"敬业",是对公民职业行为准则的价值评价,要求公民忠于职守、克己奉公、服务人民、服务社会。同时,社会主义核心价值观强调重在实践,要求知与行的有机结合,引导公民自觉树立国家意识、民族意识、责任意识,主动担当民族复兴的历史责任,在尽责集体、服务社会、贡献国家的敬业奉献中实现自身的社会价值。所以,在新时代的伟大征程中,城市轨道交通企业要通过大力开展践行社会主义核心价值观的各类活动,塑造员工的敬业奉献精神,使之成为员工内化于心的自觉信念。

2. 开展富有成效的劳动教育

劳动教育是我国教育制度的重要内容,对于塑造劳动精神面貌、劳动价值取向和提高劳动技能水平具有重要作用。富有成效地开展劳动教育,能够增强对劳动创造幸福的理性认知和实践自觉,树立以辛勤劳动为荣、以好逸恶劳为耻的劳动观,弘扬崇尚劳动、热爱劳动、辛勤劳动、诚实劳动的劳动精神。城市轨道交通行业属于劳动和技术密集型行业,员工劳动实践形式和场景多样,企业要创新劳动教育方式,积极开展富有成效的劳动教育,培养员工具有时代特征的劳动精神(如劳模精神和工匠精神)。

3. 培育特色化企业创新文化

城市轨道交通企业文化建设

企业创新文化是指在一定的社会历史条件下,企业在创新及创新管理活动中所创造和形成的具有本企业特色的创新精神财富以及创新物质形态的综合,包括创新价值观、创新准则、创新制度和规范、创新物质文化环境等。企业的发展离不开创新文化,企业创新文化体系的构建有利于企业员工发挥创新精神。从培育特色化的企业创新文化出发,不但能激发企业朝气蓬勃的创新精神,保证创新在企业内的持续发展和存在,有效增强企业活力,还能让员工融入创新氛围,潜移默化地使员工发挥主观能动性,激发自身的创新精神,进一步丰富企业创新文化,推动实现企业创新。城市轨道交通行业特色鲜明,涉及的技术面广、技术更新快,对员工的创新精神有一定的要求。特色化的城市轨道交通企业创新文化是员工创新精神萌发的土壤,要注重培养员工创新服务的能力,提高创新服务的附加值,以满足社会公众对城市轨道交通更高服务质量的需求。

4. 推行高尚的奉献观教育

雷锋精神体现了一种"向上"的人生姿态,其内涵之一是奉献精神。纵观雷锋短暂的一生,他始终保持积极主动的生活态度,对生活充满无限热爱和美好向往,始终以饱满的热情和充足的干劲投入工作、学习。当前,建设更加美好的和谐社会需要发扬雷锋精神。企业员工需要学习雷锋这种乐观向上、积极作为的人生姿态和高尚的集体主义奉献观,在尽责集体、服务社会的敬业奉献中实现自身的社会价值。

> 故事阅读

匠心守护地铁平安——全国交通技术能手龚聪聪

当最后一班地铁停运,龚聪聪的工作才真正开始……龚聪聪是南宁轨道交通运营有限公司维修中心的一名门梯检修工,主要负责南宁地铁2号线站台门和电扶梯的检修。在平凡的岗位上,这位"90后"门梯检修工用匠心守护地铁乘客的安全,用奋斗诠释新时代青年的责任与担当。

2016年6月28日,南宁地铁1号线东段开通试运营,标志着南宁迈入地铁时代。南宁地铁的诞生,点亮了龚聪聪的梦想。在南宁读大学期间,龚聪聪就非常关注南宁地铁建设的进展,希望将来能用所学知识为南宁地铁的发展做贡献。2017年,龚聪聪成为南宁地铁大家庭中的一员,参与南宁地铁2号线开通保障工作。同年12月底,南宁地铁2号线开通试运营后,龚聪聪和班组的同事白天负责地铁站点站台门和电扶梯的巡视工作,晚上地铁停运后则对站台门和电扶梯进行检修。

巡视地铁站点时,需要观察站台门和电扶梯外观、听设备运行的声音、查看闭合缝隙等,每一个细节龚聪聪都坚持认真对待,仔细排查安全隐患。他说,坚持把简单的工作做到极致,才能更好地保障乘客安全。工作之余,龚聪聪还潜心钻研站台门和电扶梯故障维修、保养等技术,研究设备故障发生的原因。龚聪聪在某次检修中发现,扶梯的变频器过热容易损坏进而导致扶梯故障。经过反复试验,他终于找到办法改进了变频器的散热方式,减少了扶梯故障的发生。

2018年8月,龚聪聪参加第六届全区职工职业技能大赛,荣获电梯安装维修工第一名。此外,他还获得全国交通技术能手、全国轨道交通行业"维修能手"、广西"五一劳动奖章"、广西技术能手、南宁市首席技师、南宁工匠等荣誉。面对肯定,龚聪聪想得更多的是如何才能在不影响地铁运营的情况下,把自己的门梯检修技术和经验向更多同事分享,共同攻克技术难题。

在公司的支持下,2021年龚聪聪"南宁工匠"人才创新工作室正式成立。该工作室自主搭建了两个门梯实训平台,一个是站台门模拟测试平台,为站台门故障的分析、技术改造后的试运行及技术创新提供逆向研究的场所;另一个是地铁自动扶梯系统调试平台,集教学指导、动作演示、性能调试于一体。这两个实训平台的投入使用,为南宁地铁的门梯检修人才培养、技术创新试验、科研技改提供了有力支持。该工作室主要成员参与2021年广西质量信得过班组评比并获得二类成果奖,取得"基于电扶梯运行维护用传动元件拆装装置"实用新型专利证书。

入行5年来,龚聪聪见证了南宁地铁2号线、3号线、4号线、5号线的开通。面对未来,龚聪聪表示将一如既往地坚守匠心,赓续努力奋斗的精神,做新时代的追梦人。

(摘编自南宁日报微信公众号,2022年6月30日)

学 习 心 得

项目5　城市轨道交通员工职业素养培养

班级_____　姓名_____　学号_____　小组_____

任务5.1

☑ **任务实施**

请结合城市轨道交通职业的时代特征,谈谈新时代工匠精神的内涵。

任务评价

1. 自我评价

我能做到:
□ 了解职业精神的构成要素
□ 了解城市轨道交通行业需要的职业精神
□ 了解城市轨道交通员工怎样树立职业精神

2. 小组评价

我们小组做到了:
□ 全员参与 □ 分工明确 □ 学习高效 □ 完成任务

3. 教师评价

序号	评价项目	成绩	综合成绩
1	学习准备		
2	知识理解		
3	参与讨论主动性		
4	沟通协调		
5	语言表达		
6	思维拓展		

任务5.2 职业观念树立

问题导入

引导问题1 你能说说人为什么要工作吗?

引导问题2 如果你是城市轨道交通行业从业者,你会有职业荣誉感吗?

引导问题3 城市轨道交通职业怎样做才能成为"人民满意"的职业?

任务分组

建议学习者组建学习小组,制订学习计划,共同完成"任务实施"中的题目。

姓名	学号	分工	角色	学习计划

知识储备

一 职业观念概述

你知道为什么医护人员被称为"白衣天使",邮递员被认作"绿衣使者",教师被视为"园丁""红烛"吗?你知道为什么不同的人有不同的择业方向、不同的职业行为吗?为什么有人择业方向正确,有人进入误区;有人在职业劳动中成绩卓著,有人毫无作为,甚至屡次在择业竞争中失败?产生这些差异的根本原因就是人们的职业观念不同。由此可见,职业观念对就业者的发展具有非常重要的意义。

1. 定义

职业观念,简称职业观,是指人们对某一特定职业的根本看法和态度,也是社会对从事某种专业工作人员的较为恒定的角色认定。职业观由三个要素构成,这三个要素也是职业对于个人的作用。

(1)维持生活:通过职业劳动获取生活来源。

(2)发展个性:在职业岗位上发挥才能,挖掘和发展个人特长。

(3)承担社会义务:通过职业劳动服务社会和他人。

对上述三个要素的认识差异和三者在人们心中的地位和比例不同,构成人们不同的职业观,体现在人们对各种职业的认识、评价、选择及对与职业有关的各种事物的态度上。

职业观是在长期的职业实践中逐步形成的,有其产生和发展的规律。一经形成,又反过来影响甚至指导具体的职业工作和职业行为。特别是当一种职业观内化为从业人员价值体系的一部分时,往往表现出很强的自主性。据一些西方学者的研究,有时候这种自主性可能达到与职业组织力量相抗衡的地步。

2. 正确的职业观

个人择业,首先要服从国家和社会的需要,充分考虑国民经济和社会发展的需要,把择业同民族的振兴、祖国的富强联系起来,并以此为己任,培养无私奉献的精神。

但是,在市场经济条件下,劳动又是谋生的手段,劳动力是有价格的,即就业不是无偿的。怎样才能把这种无私与有私统一起来呢?古人说:"以其无私,故能成其私。""既以为人,己愈有;既以与人,己愈多。"就业首先要考虑的应是奉献,然后考虑实现自身的价值。按照按劳分配的原则,你付出了劳动,社会必然会对你的奉献予以恰当的回报。具体来说,就业是劳动者与用人单位确立劳动关系,明确双方的权利义务。当你在自己的工作岗位上贡献自己的才能后,用人单位给你恰当的报酬。企业员工在岗位上要具有奉献精神,依照按劳分配、多劳多得的原则,贡献愈大,回报愈高。这就是"以其无私,故能成其私"的道理。而一味地追求私利,一切从个人利益出发,不讲贡献,只讲索取,到头来就会"自私者不能成其私"。

二 城市轨道交通职业观念树立

职业观念既有社会共性,也有行业或单位个性特点。社会共性的职业观念指在全社会各个行业中形成的共有的、普遍认可和遵守的意识,如敬业精神、奉献意识等。行业或单位个性特点的职业观念指人们对行业或单位的具体岗位职责的基本认识和观点。

城市轨道交通是服务交通强国建设的重要组成部分。从这个角度来看,城市轨道交通职业担负着服务国家战略的重任。培养正确的城市轨道交通职业观念,有利于城市轨道交通从业人员树立远大的职业理想,建立职业自信,时刻以服务城市经济和交通出行为己任,勇担使命,砥砺前行,聚集合力,推动城市轨道交通事业高质量发展。

然而,职业观念的树立并非一朝一夕之事,需要经历长期的职业实践。在实际工作中,城市轨道交通行业企业应努力创造条件,帮助员工形成正确的职业观念,培养员工的职业荣誉感就是其中重要的工作之一。

职业荣誉感是指一定的社会或集团对人们履行社会义务的道德行为的肯定和褒奖,是特定人从特定组织获得的专门性和定性化的积极评价。作为从事本职业的个人应意识到由这种肯定和褒奖产生的道德情感。

在一个正常的社会里,只要认真做好自己职业岗位上的事情,就会得到充分的尊重,作为个人也能够得到充分的职业荣誉感与幸福感。职业荣誉感与职业类型和岗位高低没有必然联系,无论你是什么职业,只要做出了一流的水平,为社会做出贡献,就能够实现自己的价值,获得相应的荣誉。

职业荣誉感淡化,其实就是职业精神的缺失导致社会责任感和职业操守的淡化,从而衍生功利思想、滋长个人主义。从另一个角度来说,缺乏职业荣誉感也是社会职业道德教育弱化的一种体现。当人们不再对自己从事的职业感到光荣和自豪时,那么对社会的责任、义务和对工作的热情也会随之淡漠,更不要谈坚持无私奉献、全心全意为人民服务的根本宗旨了。

强化职业荣誉感,重塑职业精神势在必行。城市轨道交通行业可以通过开展形式新颖、内容丰富的主题活动和教育,大力宣扬和赞颂职业道德模范,奖励那些在不同岗位上的具有强烈职业荣誉感和自豪感的优秀人才,以此让更多的人在感受荣誉的同时,体会责任和担当。某地铁企业员工悬挂集体荣誉展板,如图 5-1 所示。

图 5-1 某地铁企业员工悬挂集体荣誉展板
(摘自武汉交通微博,2019 年 6 月 25 日)

● 知识拓展

我国交通行业技能人才至高荣誉

全国交通技术能手是我国交通运输行业高技能人才的至高荣誉,根据《全国交通技术能手评选表彰管理办法》的规定,每两年评选一次,评选工作由交通运输部组织开展。

评选范围包括:交通运输行业职业标准中设置高级工的职业(工种),由各省级交通运输主管部门、中央管理大型交通运输企业和部属有关单位按程序进行推荐,参评人员应具有良好的职业道德和敬业精神,具有高级工(三级)及以上职业资格,并在技术技能方面有突出贡献。

学 习 心 得

班级_____ 姓名_____ 学号_____ 小组_____

任务5.2

☑ **任务实施**

有人说,"观念决定态度,态度决定行为",请结合这句话谈谈树立城市轨道交通职业观念的重要性。

任务评价

1. 自我评价
我能做到：
□ 了解职业对人的意义
□ 建立正确的职业观念
□ 了解城市轨道交通职业的职业观

2. 小组评价
我们小组做到了：
□ 全员参与　　□ 分工明确　　□ 学习高效　　□ 完成任务

3. 教师评价

序号	评价项目	成绩	综合成绩
1	学习准备		
2	知识理解		
3	参与讨论主动性		
4	沟通协调		
5	语言表达		
6	思维拓展		

任务5.3 职业习惯养成

问题导入

引导问题1 城市轨道交通一线员工应该保持什么样的职业习惯?

引导问题2 城市轨道交通专业的学生应该从哪几个方面来培养自己的职业习惯?

引导问题3 城市轨道交通应该从哪些方面来服务大众?

任务分组

建议学习者组建学习小组,制订学习计划,共同完成"任务实施"中的题目。

姓名	学号	分工	角色	学习计划

知识储备

一、职业习惯概述

1. 定义

习惯是一种重复性的、通常为无意识的日常行为规律,往往通过对某种行为的不断重复而获得。它是人的思维和性格的某种倾向,是一种习惯性的态度和行为。职业习惯是指一个人长期从事某种职业而养成的极富职业特点的言谈举止。

2. 良好的职业习惯的培养

(1)时刻遵守行业的职业道德行为规范。

(2)明确职业岗位职责,认真做好每份工作,不断完善工作方法,对岗位负责,提高工作效率。

(3)培养自我管理能力,包括:

①心态的管理:工作中时刻保持积极的心态。

②目标的管理:分解工作目标,明确阶段工作内容。

职业行为规范

③学习的管理:不断学习进步,提升岗位技能。
④时间的管理:工作分轻重缓急,做好时间分配。
⑤行为的管理:严格要求自己,不断完善自我,做好本职工作。

二 城市轨道交通职业习惯的养成

城市轨道交通运营企业是服务性很强的窗口单位,直接面向乘客提供出行服务,因此,作为企业的员工,特别是一线基层员工,应养成良好的职业习惯,为企业赢得口碑,为个人事业发展提供保障。

1. 遵纪守时

康德曾说"守时就是最大的礼貌",苏沃洛夫也讲"纪律是胜利之母"。遵纪守时是世界公认的传统美德,是职业化员工必备的职业习惯。人的行为改变习惯,习惯养成性格,性格决定命运,培养遵纪守时的良好习惯,是个人成功的关键因素之一。

有研究表明,坚持一个行动,关键在前 3 天,如果能坚持 21 天以上,就能形成一个习惯,如果能坚持 90 天以上,就会形成稳定习惯,如果能坚持 365 天以上,想改变都很困难。因此,在培养遵纪守时的良好习惯时,应该从细节出发,在平日的工作和生活中做到按时到岗、开会守时、遵章守法等,切实维护企业的正常运转,在珍惜自己时间的同时珍惜别人的时间。

2. 尊重他人

人与人之间的交流,应建立在真诚与尊重的基础上。人唯有尊重他人,才能赢得他人对自己的尊重。尊重他人不仅是一种态度,也是一种能力和美德,应该成为职业人所应具备的职业习惯。

在与人相处的过程中,不要对他人的缺点进行大肆批评而不顾他人的感受,也不要用苛刻的语言去伤害他人,不要取笑他人或是对他人感到不屑,要学会尊重每一个人,尽可能地创造与他人愉快地沟通交流的条件。

城市轨道交通行业是服务公共交通、服务社会的职业。在营造和谐社会的今天,客运服务在城市轨道交通中有着十分重要的地位。轨道交通服务行业的从业人员给予乘客的是一种心灵感受,也是企业文化的现实表现,更是员工个人品位、信心、仪态、形象、修养的具体反映,员工要用实际行动尊重、关爱每位乘客。

3. 礼貌待人

俗话说:"礼到人心暖,无礼讨人嫌。"在城市轨道交通企业的运营服务中,礼貌待人是基本的职业习惯,能在服务人员和乘客之间架起理解的桥梁,减少不必要的冲突和矛盾。除此之外,员工在服务中的礼仪、态度和语言还可反映个人的思想和文化修养,进而折射出企业形象。

4. 勇于担当

对国家而言,没有责任感的公民不是好公民。同样,对企业来说,没有责任感的员工不是优秀的员工。责任感是一种自觉主动地做好分内分外一切有益事情的精神状态。人只有有了责任感,才能具有驱动自己一直勇往直前的不竭动力,才能发现许许多多有意义的事需要自己去做,感受到自我存在的价值和意义,真正得到别人的信赖和尊重。

城市轨道交通职业机遇与挑战并存,作为城市轨道交通企业的员工,不但要有勇气去承担责任,抓住机遇,更要有勇气担当责任,接受挑战,这样才能更好地服务人民,成就自我。

5. 持续学习

叶圣陶说:"一辈子坚持自学的人就是一辈子自强不息的人。"时代的巨轮在不断向前推进,竞争本质上是学习能力的竞争。凡是依赖于旧有的知识和依循以往的方式解决新问题的人,都将无法避免被淘汰。城市轨道交通行业技术、工艺的更新换代正在快速进行,员工必须突破自身的束缚,持续学习,终身自我学习,向优秀的同行学习,使学习成为个人持续成长的动力之一,敢于从学习中找出自身的不足,努力取得突破。

学 习 心 得

班级_____ 姓名_____ 学号_____ 小组_____

任务5.3

✅ 任务实施

叶圣陶说:"教育就是习惯的培养。"请谈谈高职院校学生职业习惯的养成有哪些途径。

任务评价

1. 自我评价

我能做到：

☐ 了解城市轨道交通行业需要什么样的良好习惯

☐ 了解培养良好职业习惯的途径

2. 小组评价

我们小组做到了：

☐ 全员参与　　☐ 分工明确　　☐ 学习高效　　☐ 完成任务

3. 教师评价

序号	评价项目	成绩	综合成绩
1	学习准备		
2	知识理解		
3	参与讨论主动性		
4	沟通协调		
5	语言表达		
6	思维拓展		

任务5.4 职业能力测评和拓展训练

问题导入

引导问题1 你觉得职业能力测评对职业生涯有什么作用?

引导问题2 你知道职业测评的依据吗?

引导问题3 职业拓展训练对职业发展的帮助体现在哪些方面?

引导问题4 你能制订一个拓展计划吗?

任务分组

建议学习者组建学习小组,制订学习计划,共同完成"任务实施"中的题目。

姓名	学号	分工	角色	学习计划

知识储备

一、职业能力测评

1. 定义

职业能力测评旨在检验个体在某种职业中的能力水平,从而帮助个体和机构更好地进行职业决策。

职业能力测评是一种常用的职业发展工具,通过某些测试来预测个人的性格职业定位及适合的职业类型等,属于一种倾向性的测评,可以实现如情商测评、事业发展测评、心理健康测评、沟通交流能力测评、处理问题能力测评、领导能力测评、创业潜力测评、职业选择测评、工作压力测评、工作态度测评、职业满意度测评、人际关系能力测评等。

与职业能力测评类似的是职业倾向测评,职业倾向测评是指在求职者择业、求职过程中,根据其职业性格、兴趣爱好、技能特长、价值观念等因素,帮助求职者选择和确定最适合自己的职业,从而促进求职者职业发展的一种测评工具。职业倾向测评可以帮助求职者更加清晰地认识自己,更好地了解自己的职业性格特征,从而更好地与企业进行配合。

职业能力测评与职业倾向测评是两种不同的测评方式,它们均可帮助人们更好地了解自己的职业发展方向。职业能力测评旨在帮助人们了解自己的职业技能和能力,帮助人们更加清晰地认识自己和现有技能,正确地认识自己的职业发展方向。职业倾向测评则是通过测评分析技术来探索人们的职业发展方向,结合个人的兴趣爱好、职业经历、个人能力等,帮助人们分析出最适合自己的职业发展方向。

2. 测评依据

(1)职业能力倾向具有相对广泛性。

智力的高低几乎影响人一切活动的效率,但这是一种间接的影响;职业能力倾向影响一个人在某一职业领域中多种活动的效率,而专业知识技能则仅仅影响某一有限或具体的活动。

(2)职业能力倾向具有相对稳定性。

职业能力倾向是相对稳定的,不同于具体的专业知识技能那样容易通过强化训练而在短期内提高或由于遗忘而丧失。

(3)职业能力倾向是一种潜能。

职业能力倾向表现为成功的可能性,而不是已有的水平。一个人的空间想象力强,可以预期其在许多与空间关系密切的活动领域中有取得成功的可能,但这仅是可能而已。

3. 作用

(1)帮助参测者根据自己的性格、能力来确定职业生涯发展规划;

(2)帮助参测者确定职业目标,尽可能地发挥自己最大的潜能;

(3)多角度专业化的职业测评帮助参测者提高工作技能和职业竞争力;

(4)用人单位合理应用职业测评报告进行人、岗匹配,实现企业和个人的利益最大化。

例如,中国科学院心理研究所编制的"中国心理健康量表",测评内容符合我国人群特点,可以科学测评个人的情绪体验、认知效能和适应能力,被广泛应用于职业领域,用以全面评估员工的心理健康状况,分析员工心理健康的优势与不足;监测员工心理健康水平的发展与波动,及早识别可能发生的心理健康问题;研究特定人群的心理健康状况,指导专业工作者进行适当决策等。

▸ 知识拓展

人际关系能力综合诊断量表

本量表共28个问题,对每个问题作"是"(打"√")或"否"(打"×")的回答,请你认真完成。(计分:打"√"的给1分,打"×"的给0分)

1. 关于自己的烦恼有苦难言
2. 和陌生人见面时感觉不自然
3. 过分羡慕和妒忌他人
4. 与他人交往太少
5. 对连续不断的会谈感到困难
6. 在社交场合感到紧张
7. 时常伤害他人
8. 与他人来往时感觉不自然
9. 与一大群朋友在一起时,常感到孤寂或失落
10. 极易受窘
11. 不能与他人和睦相处
12. 与他人相处时不知道如何适可而止
13. 当不熟悉的人对自己倾诉他的生平遭遇以求同情时,自己常感到不自在
14. 担心他人对自己有什么坏印象
15. 总是尽力使他人欣赏自己
16. 暗自思慕异性
17. 时常避免表达自己的感受
18. 对自己的仪表(容貌)缺乏信心
19. 讨厌某人或被某人讨厌
20. 瞧不起他人
21. 不能专注地倾听
22. 自己的烦恼无人可倾诉
23. 受到他人的排斥与冷漠对待
24. 被他人瞧不起
25. 不能广泛地听取各种意见、看法
26. 自己常因受伤害而暗自伤心
27. 常被他人谈论、愚弄
28. 与异性交往时,不知如何更好相处

得分结果解释：

如果总分为 0~8 分,说明受测者善于交谈,性格开朗,主动关心他人,对周围朋友很好,愿意与他们在一起,彼此相处得不错。

如果总分为 9~14 分,说明受测者与朋友相处有一定的困扰,人缘一般,与朋友的关系时好时坏,经常处于变动之中。

如果总分为 15~28 分,说明受测者在与朋友相处时存在严重困扰。分数超过 20 分,则表明受测者受人际关系行为困扰程度很严重,而且在心理上出现较为明显的障碍；受测者可能不善于交谈,也可能是个性格孤僻的人,不开朗,或者有明显的自高自大、讨人嫌的行为。

沟通能力测评量表

下面是20个测试题,对每个问题作"是"(打"√")或"否"(打"×")的回答,请你认真完成。(计分:打"√"的给1分,打"×"的给0分)

1. 你在工作中,是否喜欢结识新同事?
2. 你是否喜欢组织朋友聚会?
3. 你是否喜欢团体旅行?
4. 你在火车上会主动与陌生人攀谈吗?
5. 你高兴见到多年没见的朋友吗?
6. 你会不会和一个你不喜欢的人来往?
7. 你喜欢热闹的地方而不是冷清的地方,对吗?
8. 你是否记得大部分老朋友的名字?
9. 你周末不喜欢独自在家,而喜欢和朋友到热闹的地方去,是吗?
10. 你是否喜欢热闹的娱乐场所?
11. 集体出去玩时,你会成为活跃气氛的人吗?
12. 你很喜欢参加游戏,而不在乎输赢吗?
13. 你喜欢和不同的人接触吗?
14. 你家经常有很多的朋友来吗?
15. 你用书信联系他人的次数超过打电话联络,对吗?
16. 你并不喜欢某些人,但你还是会寄祝福卡片给他们,对吗?
17. 你比较喜欢交朋友吗?
18. 你喜欢和不熟悉的人来往吗?
19. 如果一个房间里全是你不认识的人,你会觉得无聊吗?
20. 你喜欢和小朋友玩吗?

得分结果解释:

如果总分为12~20分,说明受测者是标准的"社交专家"。

如果总分为6~11分,说明受测者沟通能力一般。

如果总分在5分以下,说明受测者沟通能力较差,需要提升。

二 职业拓展训练

1. 拓展训练的定义

拓展训练是一种新兴的现代教育方式,是在设定的情景或特定的环境条件下,使受训者通过这些情景和活动结束后的反思,发现自己平时意识不到的盲点和潜力,培养人们良好的心理品质,促进心理健康,建立和谐的人际关系,培养良好的合作精神和团队意识,从而提高综合素质的一种动态教育模式。

2. 拓展训练的起源

第二次世界大战期间,大西洋上有很多船只由于受到攻击而沉没,大批船员落水。由于海水冰冷，又远离大陆，绝大多数船员不幸牺牲了，但仍有极少数船员在经历了长时间的磨难后得以生还。当人们了解了这些生还下来的人的情况后，发现了一个令人非常惊奇的事实，那就是这些人大多数是年老体弱的人，而不是人们以为的身体强壮的小伙子。经过一段时间的调查研究，专家终于找到了这个问题的答案：这些人之所以能活下来，关键在于他们具有良好的心理素质。当他们遇到灾难的时候，有一种强烈的求生欲望，而那些年轻的海员可能更多想到的是"这下完了，我不能活着回去了"。

当时有个德国人库尔特·汉恩提议，利用一些自然条件和人工设施，让那些年轻的海员做一些具有心理挑战的活动和项目，以训练和提高他们的心理素质。后来其好友劳伦斯在1942年成立了一所阿德伯威海上训练学校，用以训练年轻海员，这是拓展训练最早的一个雏形。第二次世界大战以后，在英国出现了一种利用户外活动形式的训练，模拟真实管理情境，对管理者和企业家进行心理和管理两方面的培训。

拓展训练由于其非常新颖的培训形式和良好的培训效果，很快就风靡整个欧洲的教育培训领域，并在半个世纪之后推广到了全世界。

3. 拓展训练的意义

（1）拓展训练是一项旨在协助企业提升员工核心价值的训练方式，通过训练课程能够有效地激发企业员工的潜能，提升和强化个人心理素质，同时让团队成员能更深刻地体验个人与企业之间、下级与上级之间、员工与员工之间唇齿相依的关系，从而激发团队更高昂的工作热情和拼搏创新的动力，使团队更富凝聚力。图5-2为某地铁公司拓展训练。

图5-2　某地铁公司拓展训练

（2）拓展训练是一套塑造团队活力、推动组织成长的不断增值的训练课程，是专门配合现代企业的团队建设需要而设计的一套体验式模拟训练。训练内容丰富生动，寓意深刻，以体验启发作为教育手段，让每一系列活动中蕴含的深刻道理和观念能牢牢地扎根在团队和每个成员的潜意识中，并且在日后的工作合作中发挥应有的效用。

（3）通过拓展训练，学员将在以下方面有显著的提高：认识自身潜能，增强自信心，改善自身形象；克服心理惰性，磨炼战胜困难的毅力；启发想象力与创造力，提高解决问题的能力；认识群体的作用，增强集体参与意识与责任感；改善人际关系,更为融洽地与群体合作;学习欣赏、关注和爱护自然。

4.拓展训练的环节构成

(1)团队热身。在培训开始时,团队热身活动将有助于加深学员之间的相互了解,消除紧张,以便轻松愉悦地投入各项培训活动中。

(2)个人项目。本着心理挑战最大、体能冒险最小的原则设计,每项活动对受训者的心理承受力都是一次极大的考验。

(3)团队项目。团队项目以改善受训者的合作意识和受训集体的团队精神为目标,通过复杂而艰巨的活动项目,促进学员之间相互信任、理解,提高团队的默契度。

(4)回顾与总结。回顾可以帮助学员消化、整理、提升训练中的体验,以便达到活动的具体目的。总结可以使学员将培训的收获迁移到工作中去,以实现整体的培训目标。

> 知识拓展

一 拍 即 合

(1)目的。

①打破活动初期组员之间的隔膜。

②打破初期训练中的沉闷气氛,增加互动。

(2)人数:不限。

(3)所需时间:2~5分钟。

(4)场地要求:室内外均可。

(5)活动操作。

①所有组员围成一个圆圈,每人向左右伸出两手,左手掌心向上,放在左方组员手掌下面约3~5厘米的位置;右手掌心向下,放在右方组员手掌上面3~5厘米的位置。

②主讲老师朗读一篇文章,当文章中出现某一指定字眼时,组员的右手要快速拍打右边组员的手掌,左手则要尽量避免被人拍到。

③为增加活动的参与性,主讲老师可用"谁被人捉到谁要表演节目"等语句来鼓励组员参与。

> 知识拓展

交 换 名 字

(1)目的:考验人们的习性。大家对于自己的名字是最耳熟不过了,但若临时更换名字,就会觉得陌生。

(2)人数:约10人。

(3)活动操作。

①参加者坐着围成一个圆圈。

②围成圆圈的时候,自己随即更换成右邻者的名字。
③以猜拳的方式来决定顺序,然后按顺序提出问题。
④当主持人问及"张三,你今天几点起床?"时,真正的张三不可以回答,而必须由更换成张三名字的人来回答。
⑤该回答时却没有回答或不该回答却回答的人被淘汰。
⑥最后剩下的人就是胜利者。

▷ 知识拓展

你真好,你真美

(1)目的。
①热身破冰阶段促进组员互相认识。
②鼓励学员欣赏别人的长处。
(2)人数:不限。
(3)所需时间:10~15分钟。
(4)场地要求:不限。
(5)活动操作。
①所有组员站立围成两个面对面的同心圆,一圈向内,一圈向外。
②由外圈的组员讲出所面对的内圈组员的五个长处,然后交换讲。
③内圈(外圈)组员向同一方向移动到下一位组员面前,继续赞美新的合作者。
(6)技巧变化。
①可以请个别组员讲出别人是如何赞美自己的以及自己的感受。
②可以让每个人在活动开始阶段讲讲自己的长处。
(7)注意事项。
老师在活动开始前需要强调用发自内心的语言来赞美别人,要有针对性,避免信口开河,使别人反感,产生适得其反的效果。时间不宜太长,每位组员赞美5次左右即可。

▷ 知识拓展

理 财 高 手

(1)目的。
①强化小组角色,提升组员注意力,增进组员之间的了解。
②促进小组合作,训练组员的反应。
③培养荣誉感,树立进取心。
(2)人数:8~12人为一组,有2~3组最好。
(3)所需时间:5~10分钟。

(4)场地要求:不限。
(5)活动操作。
①组员分组后,按小组依序围坐在一起。
②一种性别的组员代表"1元钱",另一性别的组员代表"5角钱",小组须用最少的人组成老师所需的金额。
③老师说出一个金额,组员须以站立的方式快速组成此金额。
(6)讨论问题示范。
①刚才我们是怎样协调达成一致意见的呢?
②怎样使主动性、积极性和协调性相互结合呢?
(7)注意事项。
①老师应注意所说金额不能大于小组所有组员代表金额之和。
②活动开始前应有部分时间给学员进行准备,但不可以再调整座位位置。
③金额可以从小至大,但实施活动的时间不宜太长。

> 知识拓展

模 仿 秀

(1)目的。
①了解造成沟通差异的原因。
②了解非语言沟通的重要性。
(2)人数:不限。
(3)所需时间:10~20分钟。
(4)场地要求:室内外均可。
(5)活动操作。
①先请出4位组员,请他们外出回避现场。
②老师模仿一组连续的动作,并将这组动作的细节解释给在场的所有组员,然后请回避的其中一位组员进来,老师再将刚才的动作重复一遍,让其细心观察,他的任务是将观察到的信息模仿给下一位参与者。
③依次类推,让最后一位参与者判断出前一位模仿者所演示的具体信息。
(6)注意事项。
①老师尽量使用轻松诙谐的语言和动作,营造愉快、轻松的氛围。
②老师应注意所做动作不应太复杂,也不要带有危险性。
③老师应注意让在场的所有观察者不要给予模仿者任何提示。

项目5　城市轨道交通员工职业素养培养

班级_____　　姓名_____　　学号_____　　小组_____

任务5.4

☑ **任务实施**

1. 请从"知己知彼,百战不殆"的体会中谈谈职业能力测评的作用。

2. 你是如何理解职业拓展训练具有"磨炼意志、陶冶情操、完善自我、熔炼团队"的深层次内涵的?

任务评价

1. 自我评价
我能做到：
□了解职业测评的作用与意义
□掌握制订测评表的方法
□了解拓展训练对职业能力培养的重要性
□制订拓展计划

2. 小组评价
我们小组做到了：
□全员参与　□分工明确　□学习高效　□完成任务

3. 教师评价

序号	评价项目	成绩	综合成绩
1	学习准备		
2	知识理解		
3	参与讨论主动性		
4	沟通协调		
5	语言表达		
6	思维拓展		

参 考 文 献

[1] 亓燕. 技能型人才新时代职业素养:解读、逻辑与培育[J]. 职业技术教育,2018,39(13):28-32.
[2] 徐新玉. 城市轨道交通员工职业素养[M]. 2版. 北京:人民交通出版社股份有限公司,2018.
[3] 李霞. 大学生礼仪指导与训练[M]. 北京:首都经济贸易大学出版社,2009.
[4] 奚进. 铁路员工职业素养[M]. 北京:人民交通出版社股份有限公司,2019.
[5] 北京铁路局. 铁路班组长培训实践篇[M]. 北京:中国铁道出版社,2011.
[6] 王志杰,陈卫民. 职业素养基本训练[M]. 北京:中国劳动社会保障出版社,2015.